Vinho para Leigos®

Edição de Bolso

ISBN: 978-85-7608-689-5

Impresso no Brasil — 1ª Reimpressão, maio de 2015

Produção Editorial
Editora Alta Books

Gerência Editorial
Anderson Vieira

Editoria Nacional
Cristiane Santos
Livia Brazil

Supervisão Gráfica
Angel Cabeza

Supervisão de Qualidade Editorial
Sergio Luiz de Souza

Supervisão de Texto
Jaciara Lima

Conselho de Qualidade Editorial
Anderson Vieira
Angel Cabeza
Jaciara Lima
Marco Aurélio Silva
Natália Gonçalves
Sergio Luiz de Souza

Design Editorial
Bruna Serrano
Iuri Santos

Marketing e Promoção
Daniel Schilklaper
marketing@altabooks.com.br

Tradução
Bianca Capitânio

Revisão Técnica
Mario Varges

Revisão Gramatical
Wendy Campos

Diagramação
Joyce Matos

Dados Internacionais de Catalogação na Publicação (CIP)

M123v McCarthy, Ed.
Vinho para leigos edição de bolso / Ed McCarthy, Mary Ewing-Mulligan. – Rio de Janeiro, RJ : Alta Books, 2013.
248 p. : il. ; 17 cm. – (Para leigos)

Inclui índice.
Tradução de: Wine for Dummies.
ISBN 978-85-7608-689-5

1. Vinho e vinificação. 2. Vinho - Degustação. I. Ewing-Mulligan, Mary. II. Título. III. Série.

CDU 663.2
CDD 641.22

Índice para catálogo sistemático:
1. Vinho 663.2

(Bibliotecária responsável: Sabrina Leal Araujo – CRB 10/1507)

ALTA BOOKS
E D I T O R A

Rua Viúva Cláudio, 291 — Bairro Industrial do Jacaré
CEP: 20970-031 — Rio de Janeiro
Tels.: 21 3278-8069/8419 Fax: 21 3277-1253
www.altabooks.com.br — e-mail: altabooks@altabooks.com.br
www.facebook.com/altabooks — www.twitter.com/alta_books

Vinho para Leigos®

Edição de Bolso

Ed McCarthy,
Mary Ewing-Mulligan

ALTA BOOKS
EDITORA
Rio de Janeiro, 2013

Agradecimentos dos Autores

Somos gratos por termos podido contribuir com seu conhecimento sobre esta maravilhosa bebida. Mas este livro não teria sido possível sem a equipe da Wiley. Agradecemos, sinceramente, à editora Diane Steele, à Stacy Kennedy e ao nosso revisor técnico e colega Igor Ryjenkov. Agradecimentos especiais a Tracy Cumbay, que deu excelentes sugestões, e a Steve Ettlinger.

Agradecemos a todos os nossos amigos do ramo pelas sugestões e aos nossos leitores, que nos incentivaram nesta série. Agradecemos também a Elise McCarthy, E. J. McCarthy, Cindy McCarthy Tomarchio e seu marido David por seu apoio. Mary agradece, especialmente, a Linda Lawry e a todos do International Wine Center.

Sumário

Parte V: A Face Exótica do Vinho 185

Parte VI: Quando Você é Contaminado 217

Introdução

Nós amamos tudo no vinho: seu sabor, sua fascinante variedade e a maneira como reúne as pessoas em volta de uma mesa de jantar. Acreditamos que você e todo mundo deva poder apreciar o vinho — não importa sua experiência ou seu orçamento.

Sobre Este Livro

Este livro é uma versão resumida de *Vinho Para Leigos*. Com esta edição de bolso, queremos mantê-lo atualizado sobre o que anda acontecendo no mundo do vinho, incluindo:

- As novas vinícolas que estão se destacando no mercado.
- As vinícolas que melhoram a qualidade de suas safras e as que saíram do mercado.
- As melhores safras dos vinhos mais famosos, com preços, detalhes da produção e do sabor.
- Os novos países que entraram no mercado e já demonstram qualidade nos produtos.
- Dicas atualizadas, recomendações e o panorama dos leilões e vendas pela internet.

Convenções Usadas Neste Livro

Para ajudá-lo a navegar pelo livro, estabelecemos as seguintes convenções:

- *Itálico* é usado para enfatizar ou destacar palavras novas e termos definidos;
- Os quadros destacados em cinza contêm informações complementares, não fundamentais para o entendimento do tópico.

Penso que...

Supomos que você tenha escolhido este livro porque sabe muito pouco sobre vinho e deseja aprender mais ou porque sabe um pouco, mas quer aprofundar seus conhecimentos. Presumimos, ainda, que você seja alguém que não aprecia asneiras ou jargões sobre vinhos e que seja alguém em busca de uma linguagem direta.

Ícones Usados Neste Livro

Este carinha esquisito é como uma criança que constantemente pergunta: "Por quê?". Ele traz as informações que só os curiosos vão querer saber.

Conselhos e informações que farão de você um consumidor mais sábio estão marcados com este alvo, para que você os acerte em cheio.

Você dificilmente irá preso por consumir vinho moderadamente, mas poderia estragar uma garrafa cara e cair em depressão pela sua perda. Este símbolo avisa sobre alguns riscos comuns.

Algumas questões sobre vinho são tão fundamentais que é preciso repeti-las. Para chamar sua atenção e para fazê-lo gravar bem, acrescentamos este símbolo.

Os experts em vinho praticam todos os tipos de encenação para fazer os outros consumidores se sentirem inferiores. Mas você não será intimidado pelo esnobismo se entender do assunto.

Na nossa opinião, os vinhos que marcamos com este ícone são de boa qualidade e têm um bom preço, se comparado a outros vinhos de tipo, estilo ou qualidade similar. Você também pode interpretar este ícone como uma marca de genuinidade, como: "Este Chablis é o verdadeiro."

Infelizmente, alguns dos vinhos mais finos e intrigantes são feitos em quantidades muito pequenas. Em geral, custam caro e têm distribuição limitada, por isso, nem sempre é fácil encontrá-los, mesmo estando disposto a pagar o preço. Marcamos esses vinhos com este ícone e esperamos que você os encontre.

Nota: Valor dos vinhos em dólares, de acordo com os valores cobrados nos Estados Unidos.

Parte I

Conhecendo o Vinho

A 5ª onda por Rich Tennant

Nesta parte...

Para compreender o conteúdo desta parte do livro, é preciso um pouco de conhecimento preliminar: o que é uma uva e onde ficam seu nariz e sua língua.

Se você tem esses conhecimentos, está pronto para começar a entender e a degustar o vinho — mesmo que nunca o tenha feito. Vamos começar devagar para que você possa apreciar a paisagem.

Capítulo 1

Introdução ao Vinho

Neste Capítulo

- Fazendo o vinho
- Diferenciando o vinho tinto do vinho branco
- Aprendendo porque a cor é importante

Conhecemos muitas pessoas que gostam de tomar vinho, mas não sabem muita coisa sobre ele. Ter várias informações a respeito do vinho certamente não é um pré-requisito para apreciá-lo. Porém, a familiaridade com determinados aspectos do vinho pode facilitar a escolha, além de melhorar sua apreciação e aumentar seu nível de conhecimento. Você pode aprender o quanto quiser. A viagem começa aqui.

Como é Feito o Vinho

O vinho é, essencialmente, uma fruta fermentada líquida. A receita para transformar a fruta em vinho é mais ou menos assim:

1. **Pegue uma grande quantidade de uvas maduras nas videiras.**

   Também é possível acrescentar framboesas ou qualquer outra fruta, mas 99,9% de todo o vinho do mundo é feito de uvas, pois elas fazem o melhor vinho.

2. **Coloque as uvas em um recipiente limpo e sem vazamento.**
3. **Amasse as uvas para que elas liberem seu suco.**

   Antigamente, esta parte era feita com os pés.

4. **Espere.**

Depois que as uvas são amassadas, as *leveduras* (pequenos organismos unicelulares que existem naturalmente nas plantações de uva e, portanto, nas uvas) entram em contato com o açúcar do suco da uva e, gradualmente, transformam este açúcar em álcool. As leveduras também produzem dióxido de carbono, que evapora. Quando as leveduras terminam seu trabalho, seu suco de uva se transforma em vinho. O açúcar que havia no suco não existe mais — em seu lugar, está o álcool (quanto mais maduras e doces forem as uvas, mais álcool terá seu vinho). Este processo se chama *fermentação*. A fermentação é um processo totalmente natural que não exige qualquer participação humana — com exceção da colocação das uvas no recipiente e da retirada do suco.

Porém, atualmente, os fabricantes têm uma imensa coleção de truques para produzirem vinho. É por isso que dois vinhos nunca têm exatamente o mesmo gosto. O tipo e o tamanho do recipiente que será utilizado no processo de fermentação, bem como a temperatura do suco durante a fermentação podem alterar bastante o sabor do vinho. Após a fermentação, eles podem escolher quanto tempo o vinho irá *maturar* (um estágio em que o vinho faz a sua parte) e em que tipo de recipiente. A fermentação pode durar três dias ou dez anos.

O ingrediente principal

LEMBRE-SE

Obviamente, o principal fator de diferenciação dos vinhos é a natureza da matéria-prima: o suco de uva. Além do fato de uvas mais maduras e mais doces fazerem um vinho mais alcoólico, diferentes *castas* de uvas (Chardonnay, Cabernet Sauvignon ou Merlot, por exemplo) também fazem vinhos diferentes. As uvas são o ingrediente principal do vinho e tudo o que o vinicultor faz é específico ao suco de uva que ele tem em mãos.

Sabor local

A uva, matéria-prima do vinho, não cresce em qualquer lugar. O local onde é cultivada, o solo e o clima de cada região vinífera, bem como as tradições e objetivos das pessoas que a cultivam, afetam o sabor do vinho feito com ela. É por isso que grande parte das informações básicas sobre o vinho gira em torno dos países e regiões onde ele é feito.

De Que Cor é o Seu Apetite?

Você já ouviu alguma criança dizer que não gosta de comida verde? Com o vinho, você também pode eleger suas preferências por cores. Prove todos: o branco, o tinto e o rosé.

Vinho (quase) branco

Quem quer que tenha criado o termo "vinho branco", devia ter certa dificuldade em enxergar cores. Tudo o que você tem a fazer é olhar e constatar que ele não é branco; é amarelo. Mas já nos acostumamos com a expressão, portanto, é *vinho branco*.

O *vinho branco* é o vinho sem qualquer tonalidade vermelha. Isso significa que o *Zinfandel Branco*, um vinho rosé famoso, não é branco. No entanto, vinhos amarelos, dourados e aqueles pálidos como água são todos vinhos brancos.

O vinho se transforma em vinho branco ao ser feito a partir de uvas brancas — que, por sinal, não são brancas. As uvas *brancas* são esverdeadas, amarelo-esverdeadas, douradas ou, às vezes, amarelo-rosadas. Basicamente, as uvas brancas incluem todos os tipos de uvas que não são vermelho-escuras ou azuladas. Se o vinho for feito a partir de uvas brancas, ele será um vinho branco.

A segunda maneira de produzir vinho branco envolve a utilização de uvas tintas — mas somente o *suco*, e não as cascas. O suco da maioria das uvas vermelhas não tem pigmentação vermelha — apenas as cascas têm essa pigmentação — e, portanto, um vinho feito somente com o suco de uvas vermelhas pode ser um vinho branco. Entretanto, na prática, poucos vinhos brancos são feitos a partir de uvas vermelhas (o Champanhe é uma exceção).

PAPO DE ESPECIALISTA

Caso você esteja pensando, as cascas são removidas das uvas por meio da *prensagem* de grandes quantidades de uvas para que o suco saia e as cascas fiquem para trás, as uvas são *esmagadas* em uma máquina com rolos que quebram as cascas e extraem o suco.

Você pode beber vinho branco sempre que quiser — o que, para a maioria das pessoas, significa bebê-lo sozinho ou com alimentos mais leves. Os vinhos brancos são, em geral, considerados vinhos de *aperitivo*, também servidos em coquetéis. Muitas pessoas gostam de beber vinho branco quando o clima está quente, pois eles são mais refrescantes que os tintos e, geralmente, são bebidos mais frios.

Servimos os vinhos brancos resfriados à uma temperatura média de 17, 18 graus, mas não gelados. Eles ficam mais saborosos assim.

Vinho tinto (mesmo)

Neste caso, o nome faz sentido. Os vinhos tintos são vermelhos. Eles podem ser vermelho-púrpura, vermelho-rubi ou em tons de terracota, mas são vermelhos. Os vinhos tintos são feitos a partir de uvas de coloração vermelha ou azulada. Agora, adivinhe como os enólogos chamam estas uvas. Uvas pretas! Supomos que seja porque preto é o oposto de branco.

A cor vermelha acontece quando o suco incolor das uvas tintas fica em contato com suas cascas escuras durante a fermentação e absorve sua coloração. Além da cor, as cascas das uvas contêm *tanino*, uma substância que influencia no sabor do vinho tinto. A presença do tanino nestes vinhos é, na verdade, o principal diferenciador de sabor entre eles e os brancos.

Os vinhos tintos variam muito em estilo, porque os vitivinicultores têm muitas maneiras de fabricá-los. Se os fabricantes deixam o suco em contato com as cascas por um longo período, o vinho fica mais *tânico* (mais firme na boca, como um chá forte). Se tiram o suco das cascas mais cedo, o vinho fica mais suave e menos tânico. Graças a uma grande variedade de estilos destes vinhos, é possível encontrar vinhos tintos que combinem com quase todo tipo de alimento e com qualquer ocasião.

O vinho tinto tende a ser mais consumido como parte de uma refeição do que como um drinque propriamente dito.

Uma maneira de estragar a diversão da degustação do vinho tinto é bebê-lo gelado demais. Os taninos podem ser bastante amargos quando o vinho está gelado — assim como acontece com um copo de chá muito forte. Por outro lado, muitos restaurantes servem vinho tinto quente demais. Se a garrafa está fresca em sua mão, é uma boa temperatura.

Uma rosa é uma rosa, mas rosé é "branco"

Os vinhos rosés são vinhos cor-de-rosa. Eles são feitos com uvas tintas, mas não ficam dessa cor porque o suco das uvas fica pouco tempo em contato com as cascas — apenas algumas horas, ao invés dos dias ou semanas dos vinhos tintos. Como este *contato com as cascas* (período em que o mosto e as cascas se mesclam) é breve, os vinhos rosé absorvem muito pouco tanino das cascas. Portanto, é possível resfriar os vinhos rosé e bebê-los como vinhos brancos.

É claro que nem todos os vinhos rosé são chamados assim. Muitos vinhos desse tipo, são chamados de *blush wine* atualmente — um termo inventado pelos comerciantes para evitar a palavra rosé, pois, nos anos 80, os vinhos rosados não eram muito populares. Temendo que alguém descubra que *blush* é sinônimo de *rosé*, os rótulos chamam estes vinhos de vinhos *brancos*.

Os *blush wines* denominados *brancos* são bastante doces. Os vinhos rotulados como *rosé* também podem ser adocicados, mas alguns rosés maravilhosos provenientes da Europa (e alguns dos Estados Unidos) são *secos*, não doces. Alguns amantes inveterados de vinho quase nunca bebem vinho rosé, mas muitos apreciadores estão descobrindo o prazer de um bom vinho rosé, principalmente quando o tempo está quente.

Qual tipo e quando?

Sua escolha entre vinho branco, tinto ou rosé irá variar de acordo com a estação, com a ocasião e com o tipo de comida que está consumindo (sem falar no seu gosto pessoal!). Embora alguns alimentos possam combinar tanto com vinho branco quanto com tinto — salmão grelhado, por exemplo, pode ficar delicioso com um vinho branco rico ou com um tinto frutado — sua preferência por tinto, branco ou rosé também será seu primeiro pensamento ao harmonizar o vinho com a comida.

ALERTA ESNOBE

Quando alguém tentar impressioná-lo servindo um "Champanhe" que não seja francês, por favor, não se impressione.

Vinhos tintos populares

- **Cabernet Sauvignon:** pode vir da Califórnia, Austrália, França e outras regiões
- **Merlot:** pode vir da Califórnia, França, Washington, Nova York, Chile e outras regiões
- **Pinot Noir:** pode vir da Califórnia, França, Oregon (E.U.A.), Nova Zelândia e outras regiões
- **Beaujolais:** vem da França
- **Lambrusco:** geralmente, vem da Itália
- **Carmenère:** vem apenas do Chile
- **Zinfandel:** geralmente, vem da Califórnia
- **Côtes du Rhône:** vem da França
- **Bordeaux:** vem da França

Capítulo 2

Estas Papilas Gustativas São para Você

Neste Capítulo

- Conhecendo os aromas que podem estar presentes no vinho
- Descobrindo o efeito da acidez, do tanino e do álcool
- Aprendendo cinco conceitos misteriosos sobre a qualidade do vinho

Sabemos que eles estão por aí — os cínicos que dizem até hoje que "a degustação é só mais uma maneira de complicar o vinho".

Sabe de uma coisa? Eles estão certos. Qualquer pessoa capaz de saborear um café também pode degustar um vinho. Você só precisa de um nariz, papilas gustativas e um cérebro. Assim como tem tudo o que é necessário para falar mandarim. No entanto, ter a capacidade de fazer algo é diferente de saber como fazê-lo e aplicar esse conhecimento na vida cotidiana. Por isso, vamos ensinar o básico.

A Técnica Especial para Degustar Vinhos

Beber e degustar não são sinônimos. O vinho é muito mais complexo do que as outras bebidas: muito mais coisas acontecem dentro de uma boca cheia de vinho. Por exemplo: a maioria dos vinhos tem vários sabores diferentes (e sutis), que surgem todos ao mesmo tempo e proporcionam diversas sensações quando estão em sua boca, como suavidade e sutileza.

Se você apenas beber o vinho, engolindo-o como faz com um refrigerante, vai perder grande parte do preço que pagou por ele. Porém, se o *degustar*, poderá descobrir suas nuances. Na verdade, quanto mais lenta e atentamente degustá-lo, mais interessante ele fica.

O processo de degustação de um vinho — de experimentar, sistematicamente, todos os seus atributos — tem três passos. Os dois primeiros passos não envolvem sua boca. Primeiro, você observa o vinho e depois sente o seu aroma.

Saboreando a boa aparência do vinho

Para observar a aparência de um vinho, incline uma taça (cheia até a metade) com o braço esticado e observe a cor do vinho contra um fundo branco, como a toalha de mesa ou um pedaço de papel (fundos coloridos distorcem a cor do vinho). Note se ele é claro, escuro, qual a cor e se ela muda a partir do centro para as bordas, onde o vinho toca o vidro. Note, também, se o vinho é turvo, claro ou brilhante (a maioria dos vinhos é clara. Alguns vinhos *não filtrados* podem não ser brilhantes, mas não devem ser turvos). Finalmente, você vai começar a perceber padrões, como uma coloração mais profunda em vinhos tintos mais jovens.

O nariz sabe

Chegamos à parte realmente divertida da degustação de vinhos: girar e cheirar.

Para maximizar a sensação olfativa, gire o vinho na taça primeiro. No entanto, nem *pense* em fazer isso se mais da metade da taça estiver cheia.

Mantenha a taça sobre a mesa e gire-a três ou quatro vezes para que o vinho dentro dela se misture com o ar. Em seguida, leve a taça rapidamente até seu nariz e cheire. O aroma pode ser frutado, amadeirado, fresco, cozido, intenso, leve e outros. Não detectou nada? Espere apenas um instante e tente novamente. Escute os comentários de seus amigos e teste seu olfato.

Ao girar o vinho dentro da taça, os aromas se desprendem. O vinho tem tantos *componentes aromáticos* que qualquer aroma detectado não será apenas fruto de sua imaginação.

Você pode ouvir palavras como *petrolado*, *esterco*, *couro molhado*, *fósforo queimado* e *aspargo*, utilizados para descrever os aromas de alguns vinhos (Credo!). Felizmente, os vinhos que têm esses aromas não são os que você vai beber na maioria das vezes — pelo menos, enquanto não for infectado pelo vírus da apreciação de vinhos. E,

Os vinhos têm narizes — e paladares também

Usando a licença poética típica dos degustadores de vinho já houve quem apelidasse o aroma ou o cheiro de um vinho de "nariz" — e a expressão acabou pegando. Se uma pessoa diz que um vinho tem um grande nariz, ela quer dizer que o vinho tem um aroma muito forte. Se a pessoa disser que detectou limão no nariz, ela quer dizer que o vinho tem um aroma que lembra limões.

A maioria dos degustadores de vinho não usa a palavra cheiro para descrever os aromas de um vinho. Às vezes, eles usam a palavra *bouquet*, embora ela esteja um pouco fora de moda.

Da mesma forma, um degustador de vinhos pode usar o termo "paladar" para se referir ao gosto do vinho, à impressão geral do sabor. Quando um degustador de vinhos diz que ele encontrou framboesas no paladar, ele quer dizer que o vinho tem sabor de framboesas.

quando isso acontecer, você poderá descobrir que esses aromas, no vinho certo, podem ser o verdadeiro diferencial. Mesmo que não aprenda a gostar desses aromas, você irá apreciá-los como características típicas de determinadas regiões viníferas ou tipos de uva.

Há também, os aromas ruins que ninguém tentará defender. Não é frequente, mas acontece, já que o vinho é um produto natural, vivo. Geralmente, quando um vinho tem falhas sérias, elas se mostram imediatamente no nariz. Os avaliadores americanos de vinhos têm um termo para esses vinhos. Eles os chamam de DNPIM — *Do Not Put In Mouth* (Não Coloque Na Boca). Às vezes, a culpa é de uma rolha ruim e em outras, acontece algum tipo de problema na fabricação do vinho, ou até mesmo na armazenagem. Guarde o episódio em seu baú de experiências e abra outra garrafa. Cheirar vinhos é, realmente, uma questão de prática e atenção. Quanto mais praticar, mais aromas conseguirá detectar.

A boca em ação

Depois de observar e cheirar o vinho, você, finalmente, tem permissão para saboreá-lo.

O procedimento começa com um gole médio no vinho. Depois, segure-o em sua boca, franza os lábios e deixe entrar um pouco de ar em sua língua, sobre o vinho. Em seguida, movimente o vinho dentro de sua boca, como se o estivesse mastigando. Em seguida, engula. O processo todo deve demorar alguns segundos, dependendo de sua concentração no vinho.

Sentindo os gostos

As papilas gustativas da língua podem registrar diversas sensações, conhecidas como os paladares básicos. Eles incluem: doce, amargo, salgado, azedo e umami*, uma sensação de sabor recém-definida. Dentre esses paladares, os mais comuns são: doce, amargo e azedo (representado pela acidez). Ao movimentar o vinho dentro da boca, você pode aguçar todas as suas papilas gustativas para não perder nada do sabor do vinho (mesmo que amargo e azedo pareçam gostos que você preferiria evitar).

Ao movimentar o vinho dentro da boca, você também ganha tempo para que seu cérebro consiga entender o que a língua está sentindo e possa traduzir em sensações. Os traços adocicados são os primeiros a serem registrados pelo cérebro, pois muitas das papilas gustativas situadas na parte da frente da língua — onde o vinho chega primeiro — capturam a sensação doce; a acidez e o amargor são registrados logo depois. Enquanto seu cérebro processa as impressões de doce, ácido e amargo, você pode pensar sobre como sente o vinho em sua boca — se ele é pesado, leve, suave, áspero e assim por diante.

Sentindo o gosto dos aromas

Até colocar seu nariz em ação, tudo o que vai conseguir saborear no vinho são as três sensações, doce, ácido e amargo, e terá uma impressão de peso e textura.

Na verdade, estes sabores são, *aromas* sentidos, não no contato com a língua, mas sim por uma passagem nasal interior, que

* *palavra japonesa que significa "saboroso" ou "delicioso".*

fica na parte de trás da sua boca e é chamada de *via retronasal* (veja a Figura 2-1). Ao aerar o vinho que está em sua boca, você vaporiza os aromas, assim como fez quando girou o vinho dentro da taça.

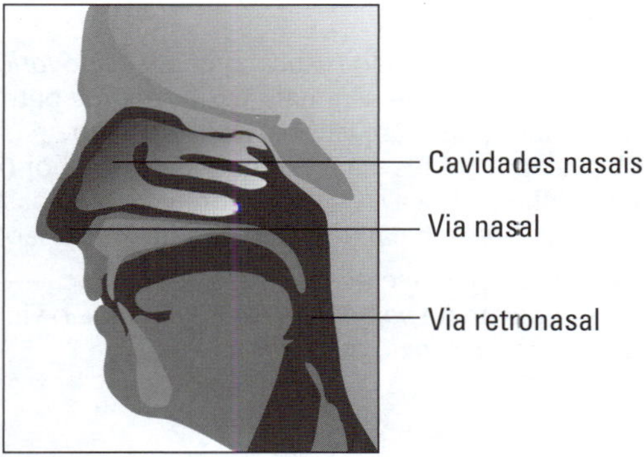

Figura 2-1: Os sabores do vinho são, na verdade, percebidos através da via retronasal.

Você Fala Vinhês?

"Gostar/Não gostar" é algo automático quando se está com o vinho na boca. No entanto, na maioria das vezes, você terá que comprar o vinho sem prová-lo. Por isso, precisa decidir o que gosta e o que não gosta em um vinho para que suas preferências possam guiá-lo até o vinho ideal. Naturalmente, isso fica mais fácil se todos falarem a mesma língua.

CUIDADO! Infelizmente, o *vinhês* é um dialeto com um vocabulário indisciplinado e, por vezes, poético, cujas definições mudam o tempo todo, dependendo de quem está falando.

Aqui vai o básico:

O paladar sequencial

Os sabores de um vinho revelam-se em sequência, conforme a língua os detecta e eles são registrados em seu cérebro. Recomendamos que você siga esta sequência natural quando tentar nomear aquilo que está saboreando.

Doçura

Assim que coloca o vinho na boca, você pode sentir a doçura ou a falta dela. Classifique o vinho que está bebendo como *seco*, *meio-seco* (em outras palavras, *pouco doce*) ou *doce*.

Acidez

Todos os vinhos contêm ácido (especialmente *ácido tartárico*, que existe nas uvas), mas alguns são mais ácidos do que outros. A acidez é um fator de sabor mais para vinhos brancos do que para tintos. Para os vinhos brancos, a acidez é a espinha dorsal do sabor (ela confere a firmeza do vinho na boca). Os vinhos brancos com bastante acidez são *frescos*, e aqueles que não têm acidez suficientes são *moles*.

Geralmente, a acidez é detectada no meio de sua boca — o que os degustadores chamam de *paladar médio*. Classifique o vinho que está bebendo como *fresco*, *sápido* ou *chato*.

Tanino

O tanino é uma substância que está naturalmente presente nas cascas, sementes (ou *caroços*) e galhos das uvas. Como os vinhos tintos são fermentados com as cascas e sementes das uvas, e como as variedades de uvas vermelhas contêm, geralmente, mais tanino do que as variedades brancas, os níveis de tanino são muito mais altos nos vinhos tintos do que nos vinhos brancos. Os barris de carvalho também podem aumentar a quantidade de tanino dos vinhos, tanto dos tintos quanto dos brancos. Você já tomou um gole de vinho tinto e teve, imediatamente, uma sensação de ressecamento em sua boca, como se sua saliva tivesse sumido? Isso é o tanino.

Dependendo da quantidade e da natureza de tanino, é possível descrever um vinho tinto como *adstringente*, *firme* ou *suave*.

Corpo

O corpo de um vinho é a impressão que se obtém da bebida como um todo — não de um sabor específico registrado pela língua. É a impressão do peso e do tamanho do vinho em sua boca, que pode ser atribuída, principalmente, ao álcool contido no vinho. Dizemos "impressão" porque, obviamente, 30 gramas de qualquer vinho ocupará exatamente o mesmo espaço em sua boca e terá o mesmo peso de 30 gramas de qualquer outro vinho. Porém, alguns vinhos *parecem* mais plenos, maiores ou mais pesados na boca do que outros. Pense na textura e no peso do vinho enquanto o degusta. Imagine que sua língua seja uma pequena balança e julgue quanto o vinho está pesando. Classifique o vinho como *magro*, *encorpado* ou *muito encorpado*.

A dimensão do sabor

Os vinhos têm sabores (*aromas de boca*), mas não têm um sabor específico. Enquanto é possível apreciar um toque de chocolate em um vinho tinto, não é possível ir a uma loja de vinhos e pedir um vinho sabor chocolate.

DICA

Você deve consultar as *famílias de sabores* do vinho. Existem *vinhos frutados* (aqueles que o fazem pensar em todos os tipos de fruta quando os cheira ou degusta), os *vinhos terrosos* (esses o fazem pensar em minerais e rochas, passeios na floresta, em revolver a terra de seu jardim, folhas secas e assim por diante), os *vinhos com aromas de especiarias* (canela, cravos, pimenta preta ou especiarias indianas, por exemplo), os *vinhos herbais* (menta, grama, relva, alecrim e assim por diante), e mais uma interminável lista.

Se você gosta de um vinho e quer experimentar um outro similar, porém diferente, um bom método é decidir de quais famílias de sabor de vinho você gosta e mencioná-las à pessoa que irá lhe vender a próxima garrafa.

Outro aspecto de sabor que deve ser considerado é a *intensidade do sabor* do vinho — quanto sabor ele tem, não importa quais sejam. A intensidade do sabor é um fator muito importante na harmonização do vinho com alimentos.

A Questão da Qualidade

LEMBRE-SE

Os fabricantes de vinho sempre fazem grande alarde das notas de qualidade que seus vinhos recebem dos críticos, pois uma nota alta — indicando alta qualidade — é traduzida em aumento das vendas. Porém, só porque um vinho é de boa qualidade não significa que você irá apreciá-lo; da mesma forma que um filme com uma classificação de 4 estrelas pode não lhe agradar. Compramos vinhos muito bem avaliados e acabamos jogando-os pelo ralo da pia. Na escolha de um vinho, o gosto pessoal é, simplesmente, mais relevante do que a qualidade.

Os instrumentos que medem a qualidade de um vinho são o nariz, a boca e o cérebro humanos e, como todos somos diferentes, temos opiniões distintas sobre a qualidade de um vinho. Porém, a opinião conjunta de um grupo de paladares treinados e experientes é, geralmente, considerada um julgamento definitivo sobre a qualidade de um vinho.

O que é um bom vinho?

Um bom vinho é, acima de tudo, um vinho o qual você goste de beber. Depois disso, a qualidade de um vinho depende de um conjunto de padrões de desempenho. Esses padrões envolvem conceitos misteriosos, como equilíbrio, persistência, profundidade, complexidade e fidelidade ao tipo (tipicidade, em vinhês, typicité, em vinhês esnobe). No entanto, nenhum desses conceitos é objetivamente mensurável.

Equilíbrio

Novamente, doçura, acidez e tanino representam três dos principais *componentes* (partes) do vinho. O quarto componente é o álcool. Além de ser um dos motivos pelos quais desejamos beber uma taça de vinho, o álcool é um elemento importante na qualidade do vinho. *Equilíbrio* é a relação entre esses quatro componentes. Um vinho é equilibrado quando nada se destaca na degustação, como um tanino agressivo, ou excesso de doçura. A maioria dos vinhos é equilibrada para a maioria das pessoas.

ALERTA ESNOBE

Tanino e acidez são *elementos de estrutura* do vinho (eles deixam o gosto mais firme na boca), enquanto o álcool e o açúcar (caso haja) são *elementos de suavização*. O equilíbrio de um vinho é a inter relação dos aspectos firmes e suaves de um vinho, assim como um indicador de qualidade.

Persistência

Quando chamamos os vinhos de *longo* ou *curto*, estamos nos referindo à *persistência*, uma palavra utilizada para descrever um vinho que dá a impressão de percorrer todo o paladar — você pode senti-lo em toda a sua língua — ao invés de parar no meio do caminho, sem que você o tenha saboreado. Hoje em dia, há muitos vinhos extremamente concentrados no paladar frontal que não percorrem sua boca inteira.

Eles são *curtos*. Geralmente, a alta graduação alcoólica ou o excesso de tanino são os culpados. A persistência é um sinal de boa qualidade.

Profundidade

Este é mais um atributo subjetivo e imensurável de um vinho de boa qualidade. Dizemos que um vinho tem *profundidade* quando ele parece ter uma dimensão de verticalidade — isto é, ele não parece liso e unidimensional em sua boca. Vinhos "lisos" nunca são ótimos.

Complexidade

Não há nada de errado com um vinho simples e direto, principalmente se é do seu gosto. Mas um vinho que permanece revelando coisas diferentes, sempre mostrando um novo sabor ou impressão — um vinho que tenha *complexidade* — é, geralmente, considerado de melhor qualidade. Alguns especialistas utilizam o termo *complexidade* especificamente para indicar que um vinho tem uma multiplicidade de aromas e sabores, enquanto outros utilizam o termo para se referirem à impressão geral que o vinho proporciona.

Final

A impressão que um vinho deixa na parte de trás da boca e em sua garganta depois de engolido é seu *final* ou *retro-olfato*. Em um bom vinho, ainda é possível perceber os sabores — como o sabor de frutas ou os aromas — nesse ponto. Alguns vinhos podem ter um final *quente*, devido à grande quantidade de álcool, ou *amargo*, por causa do tanino — ambos revelam desvantagens. Há também os vinhos que podem não ter mais nada para dizer depois que você os engole.

Tipicidade

Para julgar se um vinho é fiel ao seu tipo, é preciso saber como deve ser o gosto deste tipo de vinho. Portanto, você deve saber todas as características teóricas dos vinhos fabricados a partir das principais variedades de uvas e sobre os vinhos das regiões viníferas clássicas.

O que é um vinho ruim?

ALERTA ESNOBE

Você pode fazer suas próprias regras e avaliar se um vinho é bom ou ruim, mas não pode forçar ninguém a concordar com você. O fato é que, atualmente, há muito poucos vinhos ruins no mundo se compararmos com o que havia há 20 anos. E muitos dos vinhos que poderíamos chamar de ruins são, na verdade, apenas garrafas *ruins* ou mal manipuladas. Esperamos que você nunca encontre um.

- **Fruta mofada**: pode indicar uvas não totalmente frescas e saudáveis na colheita.
- **Vinagre**: se encontrar um vinho que tenha ultrapassado o limite, parecendo um vinagre, tenha certeza que é um vinho ruim.
- **Cheiros químicos ou de bactérias**: os mais comuns são acetona e enxofre. Eca!
- **Vinho oxidado**: o cheiro fraco, ou até cozido possivelmente indica que o oxigênio entrou de alguma maneira e matou o vinho.
- **Aromas e gosto cozidos**: um vinho mal armazenado, com vazamentos pela rolha ou transportado no calor.
- **Vinho com gosto de rolha:** causado por uma garrafa ou rolha ruim, e qualquer vinho que esteja em uma garrafa selada com uma rolha corre esse risco.

Capítulo 3

A Inveja da Pinot e Outros Segredos sobre Variedades de Uvas

Neste Capítulo

- Descrevendo as principais variedades de uvas e seus vinhos
- Aprendendo termos relacionados à uva
- Conhecendo espécies ameaçadas e cruzamentos misturados

As uvas também nos fornecem uma das maneiras mais fáceis de classificar o vinho e de dar sentido às centenas de tipos diferentes de vinhos existentes.

Por Que as Uvas São Importantes?

As uvas são o ponto inicial de todos os vinhos e, portanto, são amplamente responsáveis pelo estilo e pela personalidade de cada vinho. As uvas que fazem um determinado vinho ditam sua estrutura genética e como ele irá responder a tudo o que o enólogo fizer com ele.

Sobre gêneros e espécies

Quando falamos em *castas de uva*, nos referimos ao fruto de um tipo específico de videira: o fruto da vinha Cabernet Sauvignon, por exemplo, ou da vinha Chardonnay.

O termo *variedade*, na verdade, tem um significado específico nos círculos científicos. Uma variedade é uma subdivisão de uma espécie. A maioria dos vinhos do mundo são feitos a partir de variedades de uvas que pertencem à espécie *vinífera* — que, por sua vez, é uma subdivisão do gênero *Vitis*. Essa espécie teve sua origem na Europa e no oeste da Ásia; outras espécies distintas de *Vitis* são nativas da América do Norte.

Uvas de outras espécies também podem fazer vinho, por exemplo: a uva Concord, que faz o vinho Concord e também suco de uva e geleia, pertence à espécie *Vitis labrusca*, nativa dos Estados Unidos. Porém, as uvas dessa espécie têm um sabor diferente das uvas da espécie *vinífera* — *foxado* é a palavra usada para descrever esse sabor. O número de vinhos feitos com uvas que não são da espécie *vinífera* é pequeno, pois seu sabor é menos popular (no Brasil, somente Vinhos Finos são feitos obrigatoriamente com uvas viníferas, ao contrário dos Vinhos de Mesa).

Uma variedade de variedades

Dentro do gênero *Vitis* e da espécie *vinífera*, existem aproximadamente dez mil castas de uvas. Entre essas dez mil variedades, existem uvas com capacidade de fazer vinhos extraordinários, uvas com tendência a produzir vinhos bastante comuns e outras que não agradam. A maioria das variedades é de uvas não conhecidas, cujos vinhos raramente fazem parte do mercado internacional.

Como as uvas variam

Todos os tipos de atributos distinguem as variedades de uva. Esses atributos pertencem a duas categorias: traços de personalidade e fatores de desempenho. Os *traços de personalidade* são as características do fruto em si — seus sabores, por exemplo. Os *fatores de desempenho* referem-se ao crescimento do vinhedo, como seu fruto amadurece e em quanto tempo ele vai de 0 a 100 quilômetros por hora.

Traços de personalidade das castas das uvas

A cor da casca é a distinção fundamental entre as variedades de uvas. Cada variedade de uva é considerada branca ou tinta (ou preta), de acordo com a cor de suas cascas quando a uva está madura (algumas variedades de casca vermelha ainda podem ser distinguidas por terem a polpa vermelha, e não branca.)

Variedades individuais de uvas também podem ser distinguidas de outras maneiras:

- **Compostos aromáticos**: algumas uvas (como a Moscatel), por exemplo, conferem aromas e sabores florais ao seu vinho, enquanto outras uvas conferem notas herbáceas (como a Sauvignon Blanc) ou um caráter frutado. Algumas uvas têm aromas e sabores bastante neutros e, portanto, produzem vinhos também neutros.
- **Níveis de acidez**: algumas uvas são naturalmente dispostas a níveis de acidez mais elevados do que outras, o que influencia o vinho produzido a partir delas.
- **Espessura da casca e tamanho dos frutos individuais (chamados de *bagos*)**: as uvas pretas com cascas grossas têm, naturalmente, mais tanino do que as uvas com cascas finas; o mesmo acontece nas variedades de bagos pequenos, se comparadas às variedades de bagos grandes, pois sua proporção casca-suco é mais alta. Mais tanino nas uvas faz um vinho tinto mais firme, mais tânico.

Um vinho Cabernet Sauvignon é quase sempre mais tânico e contém um pouco menos de álcool do que um vinho Merlot, por exemplo, devido à natureza das duas uvas.

A realeza e os cidadãos comuns das uvas

Cepas *nobres* de uvas (como os enólogos as chamam) têm potencial para produzir vinhos ótimos — não apenas bons. Cada variedade nobre de uva pode exigir, pelo menos, uma região vinífera na qual ela é a soberana indiscutível. Os vinhos feitos a partir de uvas nobres em suas terras natais podem ser tão bons que inspiram os produtores de vinhos de regiões distantes a cultivarem a mesma uva em seus vinhedos. Há casos em que a uva prova ser nobre também em terras distantes — porém, com frequência, não é o que acontece. A capacidade de adaptação é um pré-requisito para a nobreza.

Exemplos clássicos das melhores variedades nobres de uvas são:

- A uva Chardonnay e a uva Pinot Noir, da Borgonha, França
- A uva Cabernet Sauvignon, de Bordeaux, França
- A uva Syrah, do Vale do Rhône, no norte da França
- A uva Chenin Blanc, do Vale do Loire, na França

- A uva Nebbiolo, de Piemonte, Itália
- A uva Sangiovese, da Toscana, Itália
- A uva Riesling, das regiões Mosel e Rheingau, na Alemanha

Cartilha das Variedades de Uvas Brancas

Esta seção inclui descrições das 12 mais importantes variedades de uvas brancas *vinifera* que existem atualmente e explicações com muitas informações sobre elas:

Chardonnay

A uva Chardonnay cresce em praticamente todos os países produtores de vinho do mundo por dois motivos: ela é relativamente adaptável a diversos tipos de clima e o nome Chardonnay em um rótulo de vinho é, atualmente, uma ótima ferramenta para alavancar as vendas.

Como os sabores da Chardonnay são bastante compatíveis com os sabores do carvalho — e como o Borgonha branco (o grande modelo) é, geralmente, um vinho acarvalhado e com muitos apreciadores —, para os melhores Chardonnays, o tratamento de carvalho exige barris caros, feitos de carvalho francês; mas para os Chardonnays mais baratos, este tratamento pode ser o adicionamento de lascas de carvalho no vinho ou a adição de essência líquida de carvalho.

ALERTA ESNOBE

O Chardonnay acarvalhado é tão comum que alguns apreciadores de vinho confundem o sabor do carvalho com o sabor da Chardonnay. Se sua taça de Chardonnay tem cheiro ou sabor tostado, defumado, temperado, de baunilha ou bala toffee, você está percebendo o carvalho e não a uva Chardonnay!

Riesling

Os grandes vinhos Riesling da Alemanha destacaram a uva Riesling como uma casta indiscutivelmente nobre. Mas somente em alguns poucos lagares fora da Alemanha é que essa uva mostra sua verdadeira nobreza. A região da Alsácia, na França, a Áustria e a região do Vale Clare, na Austrália são alguns deles.

Atualmente, os vinhos Riesling são muito menos populares que os Chardonnay. Talvez, porque um seja a antítese do outro. Enquanto o Chardonnay é, geralmente, incorporado ao carvalho, o Riesling quase nunca é; enquanto o Chardonnay pode ser encorpado e rico, o Riesling é mais leve, fresco e refrescante. A personalidade fresca e viva do Riesling pode fazer com que muitos Chardonnays pareçam sem graça.

DICA

A percepção comum dos vinhos Riesling é que são doces, e muitos realmente são, mas isso não é a regra. Os Rieslings da Alsácia são, normalmente, secos; muitos Rieslings alemães são meio-secos e alguns Rieslings americanos são secos. Acidez alta, níveis de álcool baixos a médios e aromas/sabores que variam de frutado a floral exuberante ou mineral são marcas registradas do Riesling.

CUIDADO!

Os vinhos Riesling, às vezes, são rotulados como *Riesling Branco* ou *Johannisberg Riesling* — ambos sinônimos para a nobre uva. No entanto, quando se tratar de vinhos de países do leste europeu, o que importa é o que está escrito em letras pequenas.

Sauvignon Blanc

A Sauvignon Blanc é uma casta branca com uma característica bastante distinta. Ela tem acidez elevada, com aromas e sabores pronunciados. Além da característica herbácea (às vezes, chamada de *gramínea*), os vinhos Sauvignon Blanc apresentam aromas e sabores minerais, um traço vegetal ou — em alguns climas — um toque frutado, como melão maduro, figos ou maracujá. Os vinhos são de leves a encorpados e, geralmente, secos. A maioria não tem traços de carvalho, mas alguns são acarvalhados.

A França tem duas regiões viníferas clássicas para a Sauvignon Blanc: Bordeaux e o Vale do Loire, onde os dois melhores vinhos Sauvignon de que se tem notícia são chamados de Sancerre ou Pouilly-Fumé (descritos no Capítulo 9). Em Bordeaux, a Sauvignon Blanc às vezes é misturada à Sémillon (descrita na Tabela 3-1); alguns desses vinhos misturados em proporções de 50% para 50% das duas uvas e fermentados em carvalho estão entre os melhores vinhos brancos do mundo.

Pinot Gris/Pinot Grigio

A Pinot Gris (pronuncia-se *grí*) é uma das diversas variedades da uva chamada *Pinot*. Existe a Pinot Blanc (Pinot branca), Pinot Noir (Pinot preta), Pinot Meunier (não sabemos a tradução) e Pinot Gris (Pinot cinza), que é chamada de *Pinot Grigio* em italiano. Acredita-se que a Pinot Gris seja uma mutação da uva tinta Pinot Noir. Embora seja considerada uma uva branca, a cor de sua casca é, geralmente, escura para uma variedade branca.

Outras uvas brancas

A Tabela 3-1 descreve outras uvas cujos nomes você encontra em rótulos de vinhos ou cujo vinho você poderia beber sem perceber, já que alguns rótulos trazem somente o nome da região em que são produzidos.

Tabela 3-1 Outras Uvas Brancas e Suas Características

Tipo de Uva	*Características*
Albariño	Uma uva aromática do noroeste da Espanha — região chamada de Rias Baixas — e da região Norte de Portugal, chamada de Vinho Verde, onde ela se chama Alvarinho. Ela produz vinhos brancos encorpados, frescos, com gosto de maçã, geralmente sem traços de carvalho e, devido ao alto índice de glicerina, têm uma textura sedosa.
Chenin Blanc	Uma uva nobre do Vale do Loire, na França, ideal para o Vouvray e outros vinhos. Os melhores vinhos têm acidez alta e uma fascinante textura oleosa (eles são bem viscosos na boca). Alguns bons Chenin Blanc secos vêm da Califórnia, assim como dezenas de vinhos meio-secos comuns. Na África do Sul, a Chenin Blanc é, normalmente, chamada de Steen.
Gewürztraminer (pronuncia-se gue-vurtz-tra-mi-ner)	Uma uva maravilhosamente exótica que produz vinhos brancos de cor profunda, espessos e suaves, com aromas e sabores de rosas e lichia. A região da Alsácia, na França, é o domínio clássico desta

Tipo de Uva	*Características*
	variedade; os vinhos têm aromas e sabores florais e frutados pronunciados, mas são, na verdade, secos — são tão fascinantes quanto deliciosos. Um estilo comercial do Gewurztraminer americano é leve, adocicado e um pouco insípido, mas algumas vinícolas da Califórnia, Oregon e Nova York fabricam um bom Gewurztraminer seco.
Grüner Veltliner	Uma variedade nativa da Áustria que ostenta aromas e sabores complexos (vegetal, aromático, mineral), textura rica e, geralmente, um peso considerável.
Moscatel	Uma uva aromática que produz o espumante Asti, da Itália (que, por sua vez, tem *exatamente* o mesmo gosto das uvas Moscatel maduras). Tem aromas florais extremamente agradáveis. Na Alsácia e na Áustria, produz um vinho seco e em muitos lugares (sul da França, sul da Itália e Austrália) faz um delicioso vinho doce de sobremesa com a adição de álcool.
Pinot Blanc	Bastante neutra em aroma e sabores, porém, capaz de produzir vinhos cheios de personalidade. Com acidez alta e baixos níveis de açúcar, ela se traduz em vinhos secos, firmes e encorpados. A Alsácia, a Áustria, o norte da Itália e a Alemanha são as principais regiões produtoras.
Sémillon (pronuncia-se se-mi-ion)	É a parceira clássica da Sauvignon Blanc e uma boa uva por si só. O vinho Sémillon tem baixa acidez se comparado ao Sauvignon Blanc e tem aromas atraentes, porém, sutis — às vezes, de lanolina, embora possa ser ligeiramente herbáceo quando jovem. Uma das uvas mais importantes na Austrália e no sudoeste da França, incluindo Bordeaux (onde é a protagonista no vinho de sobremesa Sauternes).
Viognier (pronuncia-se vi-o-niê)	Uma uva proveniente do Vale do Rhône, na França, que está se tornando popular na Califórnia, no sul da França e em outros lugares. Aroma floral, com um suave toque de damasco, de encorpado a espesso e baixa acidez.

Cartilha das Variedades de Uvas Tintas

Esta seção inclui descrições das doze mais importantes variedades de uvas vermelhas *vinifera*.

Cabernet Sauvignon

A Cabernet Sauvignon é uma variedade nobre de uva que cresce bem em quase todos os climas não muito frios. Ficou famosa graças aos vinhos tintos envelhecidos do distrito de Médoc, em Bordeaux. A uva Cabernet Sauvignon produz vinhos com alto índice de tanino, encorpados ou muito encorpados. A palavra mais comum para descrever o aroma e o sabor do Cabernet Sauvignon é *groselha* ou *cassis*; a uva também pode atribuir tons vegetais a um vinho quando não está no ponto de maturação ideal.

Os vinhos Cabernet Sauvignon podem ser encontrados em todos os níveis de preço e qualidade. As versões mais baratas são, geralmente, mais suaves, bem frutadas e encorpadas. Os Cabernet Sauvignons mais sérios podem envelhecer por 15 anos ou mais.

Como a uva Cabernet Sauvignon é bastante tânica (e devido à mistura anterior em Bordeaux), os enólogos geralmente a misturam com outras uvas; em geral a Merlot — que é menos tânica — é considerada a parceira ideal. Os fabricantes de vinho da Austrália mantêm uma prática incomum de misturar Cabernet Sauvignon com Syrah.

Merlot

Cor profunda, encorpada, alta graduação alcoólica e baixo nível de tanino são as principais características dos vinhos feitos a partir da uva Merlot. Os aromas e sabores podem puxar para a ameixa e, às vezes, para o chocolate, ou podem sugerir folhas de chá.

Alguns apreciadores de vinho acham que é mais fácil gostar do Merlot do que do Cabernet Sauvignon, pois ele é menos tânico (embora, alguns fabricantes de vinho achem que a uva Merlot não é boa sozinha e a misturem com Cabernet Sauvignon, Cabernet Franc, ou ambas). A uva Merlot produz vinhos simples e baratos e, quando cultivadas nas condições corretas, produz vinhos muito sérios.

Pinot Noir

O vinho Pinot Noir é mais leve, em termos de cor, do que o Cabernet ou o Merlot. Ele tem uma graduação alcoólica relativamente alta, acidez média para alta e tanino médio para baixo (embora os barris de carvalho possam contribuir com mais tanino para o vinho). Seus sabores e aromas podem ser bastante frutados, ou terrosos e amadeirados, dependendo da maneira como as uvas são cultivadas e/ ou vinificadas. Raramente é misturada com outras uvas. O modelo do vinho Pinot Noir é o Borgonha tinto, da França, onde pequenos terrenos de vinhedos geram tesouros raros de vinhos feitos totalmente com Pinot Noir. Oregon e Califórnia nos Estados Unidos, Nova Zelândia e partes da Austrália e Chile também produzem um bom Pinot Noir.

Syrah/Shiraz

A parte norte do Vale do Rhône, na França, é o clássico lar dos ótimos vinhos feitos a partir das uvas Syrah. Os vinhos do Rhône, como Hermitage e Côte-Rôtie, são a inspiração para a disseminação da uva Syrah na Austrália, Califórnia e Washington, nos Estados Unidos, Itália e Espanha. A uva Syrah produz vinhos de cores profundas, bem encorpados, com tanino firme e aromas/sabores que podem sugerir frutas silvestres, carne defumada, pimenta preta, alcatrão e, até mesmo, borracha queimada (acredite se quiser). A uva Syrah não requer nenhuma outra uva para complementar seus sabores, embora, na Austrália, ela seja frequentemente misturada com Cabernet e, no sul do Rhône, ela geralmente faça parte de um vinho misturado com Grenache e outras variedades.

Zinfandel

O Zinfandel branco é um vinho tão popular nos Estados Unidos — e tão mais famoso do que o tinto — que seus fãs podem argumentar que a Zinfandel é uma uva branca. Mas, na verdade, ela é vermelha e uma das uvas mais antigas da Califórnia. Sua aura é reforçada por sua história misteriosa: embora a Zinfandel seja, claramente, uma uva *vinifera*, durante décadas, as autoridades não tinham certeza de suas origens. Finalmente, elas provaram que sua origem está em uma obscura uva croata.

Zin — como os amantes da Zinfandel vermelha a chamam — produz vinhos ricos e escuros, com alta graduação alcoólica e tanino médio a alto. Eles podem ter aroma e sabor de amora ou framboesa, uma característica aromática puxada para o alcatrão ou, até mesmo, para um sabor de geleia. Alguns Zins são mais leves do que outros e devem ser apreciados quando jovens; outros são vinhos mais sérios, com uma estrutura tânica construída com o envelhecimento (é possível diferenciá-los pelo preço).

Nebbiolo

A Nebbiolo simplesmente não produz um vinho marcante fora da Itália. Porém, a extraordinária qualidade do Barolo e do Barbaresco, dois vinhos de Piemonte, provam a grandeza que esta uva pode atingir sob as condições adequadas. A uva Nebbiolo é bastante ácida e tânica, o que pode deixar o vinho duro. Sua cor pode ser profunda quando o vinho é jovem, mas pode desenvolver colorações alaranjadas com o passar dos anos. Seu aroma complexo é frutado (morango, cereja), terroso e amadeirado (alcatrão, trufas), herbal (menta, eucalipto, anis) e floral (rosas).

Sangiovese

Esta uva italiana mostrou sua qualidade na região da toscana, principalmente nos distritos de Brunello di Montalcino e Chianti. A uva Sangiovese produz vinhos com acidez média a alta e firmes em tanino; os vinhos podem ser leves e encorpados, dependendo do local exato onde as uvas são cultivadas e como o vinho é produzido. Os aromas e sabores dos vinhos são frutados — principalmente com cereja, geralmente, cereja azeda — com nuances florais de violetas e, às vezes, um suave toque de nozes.

Tempranillo

A uva Tempranillo é a candidata da Espanha à grandeza. Ela confere aos vinhos uma cor profunda, acidez baixa e graduação alcoólica moderada. O emprego moderno da Tempranillo da região de Ribera del Duero e de outros lugares da Espanha provam a cor e a fruticidade desta uva. Em vinhos mais tradicionais, como os produzidos na região da Rioja, grande parte da cor e do sabor da uva é perdido devido ao longo envelhecimento em madeira e à mistura com outras variedades que não têm cor, como a Grenache.

Outras uvas tintas

A Tabela 3-2 descreve outras cepas de uvas tintas e seus vinhos.

Tabela 3-2 Outras Uvas Vermelhas e Suas Características

Tipo de Uva	*Características*
Aglianico	Do sul da Itália, onde produz o vinho Taurasi e outros vinhos tintos envelhecidos fortes e com muito tanino.
Barbera	Variedade italiana que, estranhamente para uma uva vermelha, tem pouco tanino, mas muita acidez. Quando está totalmente madura, ela pode produzir ótimos vinhos frutados, com uma firmeza refrescante. Muitos produtores envelhecem o vinho em barris de carvalho novos para aumentar o nível de tanino em seu vinho.
Cabernet Franc	Parente da Cabernet Sauvignon e geralmente misturada a ela para produzir vinhos em estilo Bordeaux. Amadurece mais cedo e tem um sabor mais expressivo e frutado (principalmente de frutas silvestres), também tem menos tanino. É uma especialidade do Vale do Loire, na França, onde produz vinhos com nomes locais, como Chinon e Bourgeuil.
Gamay	Destaca-se no distrito de Beaujolais, na França. Ela faz vinhos de cor vermelho vivo e com baixo nível de tanino. Nem a uva Gamay Beaujolais da Califórnia, nem a uva chamada Napa Gamay são Gamay verdadeiras.
Grenache	Uma uva de origem espanhola, onde é chamada de Garnacha (no entanto, a maioria dos apreciadores de vinho associa a uva Grenache mais à região do Vale do Rhône, no sul da França, do que com a Espanha). Às vezes, a uva Grenache produz vinhos pálidos, com alta graduação alcoólica e sabor diluído. Nas circunstâncias corretas, ela pode produzir vinhos de coloração profunda, com textura aveludada e aromas e sabores frutados, que sugerem framboesas.

Capítulo 4

Nomes de Vinho e Jargão dos Rótulos

Neste Capítulo

- Um truque rápido para decodificar os nomes de vinhos
- O ritual secreto do terroir
- A verdade por trás de termos impressionantes, como reserva e estate-bottled (engarrafado na propriedade)
- AOC, DOC, DO, QbA, QWPSR e outras designações estranhas

Neste capítulo, você aprenderá a ler e decodificar os rótulos de cada vinho. Aperfeiçoe seu conhecimento sobre rótulos para saborear a riqueza que o mercado de vinhos oferece atualmente.

O Jogo dos Nomes de Vinhos

Nos rótulos dos vinhos aparecem todos os tipos de nomes. Esses nomes geralmente incluem:

- O nome da *uva* a partir da qual o vinho é feito.
- Uma *marca*, que é, tradicionalmente, o nome da empresa ou da pessoa que fabricou o vinho (que é chamada de *produtor*); porém, nos vinhos mais baratos, é provável que seja um nome inventado.
- Às vezes, um nome especial, gracioso, para aquele determinado vinho (chamado de *nome comercial*).
- O nome do *lugar*, ou *lugares*, onde as uvas foram cultivadas (a região vinífera e, às vezes, o nome da vinícola).

Em seguida, vem o ano da *safra* (o ano em que as uvas que produziram o vinho foram cultivadas), que faz parte da identidade da bebida; às vezes, você tem uma palavra como *reserva*, que pode ter um significado legal específico ou pode não significar nada, dependendo de onde veio o vinho.

Isto é uma uva? Isto é um lugar?

DICA

A maioria dos vinhos que você encontra nas lojas especializadas ou nas cartas de vinho dos restaurantes, são nomeados de duas maneiras básicas: pela *variedade de uva* ou pelo *nome do lugar onde a uva foi cultivada*. Essas informações, mais o nome do produtor, viram o nome resumido que usamos ao falar sobre o vinho.

Um vinho *varietal* é um vinho que recebe seu nome de acordo com a *principal* ou com a *única* variedade de uva que compõe o vinho. Alguns vinhos varietais são feitos *totalmente* com a variedade de uva que dá nome ao vinho. Não existe lei contra isso em lugar nenhum.

Cada país (e nos Estados Unidos, em alguns estados) tem leis que determinam a porcentagem mínima da uva nomeada que um vinho deve conter, caso ele queira ser chamado pelo nome da uva. Isso também vale para propaganda.

PAPO DE ESPECIALISTA

As leis federais americanas fixam a porcentagem legal mínima da uva nomeada em 75% (o que significa que seu Chardonnay da Califórnia preferido pode conter 25% de *outra* uva). No Oregon, o mínimo é 90% (com exceção do Cabernet, que pode ter 75%). Na Austrália, é 85%. E nos países da União Europeia (UE), o mínimo é 85%.

CUIDADO!

Na maioria das vezes, os rótulos dos vinhos varietais não informam se há outras uvas presentes no vinho, quais são, ou suas porcentagens. Você só sabe que o vinho contém, pelo menos, a porcentagem mínima legal da variedade que dá nome a ele.

Por que batizar um vinho com o nome de uma variedade de uva?

A uva é a matéria-prima do vinho. Com exceção do que ele absorve do barril de carvalho (alguns aromas e sabores, assim como o tanino) e de determinados processos de fabricação descritos no Capítulo 5, o suco das uvas *é* o vinho. Portanto, dar ao vinho o nome da variedade de uva que o produziu é bastante lógico.

A maioria dos vinhos californianos (e outros vinhos americanos) tem nomes varietais. Da mesma maneira, a maioria dos vinhos australianos, sul-americanos e sul-africanos são batizados usando o nome da uva *principal*. Até alguns países que normalmente não batizam seus vinhos com os nomes das uvas, como a França, estão entrando no barco do nome varietal para determinados vinhos especialmente os destinados ao público norte-americano.

Moeda varietal

Uma percepção comum entre alguns apreciadores de vinho é que um vinho varietal é, de alguma maneira, *melhor* do que um não varietal. Na verdade, o fato de um vinho levar o nome de sua principal variedade de uva *não é*, absolutamente, *indicativo de qualidade*.

Os nomes de lugares mais comuns

Beaujolais	Chianti	Rioja
Bordeaux	Côtes du Rhône	Sancerre
Borgonha (Bourgogne)	Mosel	Sauternes
Chablis	Porto	Jerez
Champagne	Pouilly-Fuissé	Soave
Châteauneuf-du-Pape	Rhine (Rheingau, Rheinhessen)	Valpolicella

O jogo do terroir

Terroir (pronuncia-se "terruar") é uma palavra francesa que não tem uma tradução direta para o português, então, os enólogos utilizam a palavra francesa por conveniência (e não porque são esnobes).

Não existe uma definição fixa para *terroir*; trata-se de um conceito e, como a maioria dos conceitos, as pessoas tendem a defini-lo de maneira mais ou menos ampla, de acordo com suas necessidades. O termo em si origina-se da palavra francesa *terre*, que significa solo; então, algumas pessoas definem *terroir* simplesmente como terra;

Decodificando nomes de lugares comuns da Europa

Nome do Vinho	*País*	*Variedades de Uva*
Beaujolais	França	Gamay
Bordeaux (tinto)	França	Cabernet Sauvignon, Merlot, Cabernet Franc e outras*
Bordeaux (branco)	França	Sauvignon Blanc, Sémillon, Moscatel*
Borgonha (tinto)	França	Pinot Noir
Borgonha (branco)	França	Chardonnay
Chablis	França	Chardonnay
Champagne	França	Chardonnay, Pinot Noir, Pinot Meunier*
Châteauneuf-du-Pape*	França	Grenache, Mourvèdre, Syrah e outras*
Chianti	Itália	Sangiovese, Canaiolo e outras*
Côtes du Rhône	França	Grenache, Mourvèdre, Carignan e outras*
Porto	Portugal	Touriga Nacional, Tinta Barroca, Touriga Franca, Tinta Roriz, Tinto Cão e outras*
Pouilly-Fuissé, Macon, Saint Véran	França	Chardonnay

Nome do Vinho	*País*	*Variedades de Uva*
Rioja (tinto)	Espanha	Tempranillo, Grenache e outras*
Sancerre/Pouilly-Fumé	França	Sauvignon Blanc
Sauternes	França	Sémillon, Sauvignon Blanc*
Jerez	Espanha	Palomino
Soave	Itália	Garganega e outras*
Valpolicella	Itália	Corvina, Molinara, Rondinella*

**Indica que uma mistura de uvas é usada para fazer estes vinhos.*

Entretanto, *terroir* é muito mais complexo (e complicado) do que apenas terra. *Terroir* é a combinação de fatores naturais imutáveis — como o solo arável, o subsolo, o clima (sol, chuva, vento e assim por diante), a inclinação do terreno e a altitude — de um vinhedo específico. É praticamente impossível que dois vinhedos no mundo todo tenham, precisamente, a mesma combinação destes fatores. Então, consideramos que *terroir* seja a combinação *exclusiva* dos fatores naturais de um vinhedo.

Terroir é o princípio que está por trás do conceito europeu de que os vinhos devem receber seus nomes de acordo com o lugar de onde vêm (achou que tínhamos esquecido, não é?). A linha de pensamento é a seguinte: o nome do lugar indica quais uvas foram utilizadas para fazer o vinho daquele lugar (porque as uvas são determinadas pelos regulamentos), e o lugar influencia a personalidade das uvas de modo único. Portanto, o nome mais preciso que um vinho pode ter é o nome do lugar onde suas uvas foram cultivadas.

Não se trata de um plano maldoso, mas apenas de uma maneira totalmente diferente de ver as coisas.

Vinhos batizados de outras maneiras

De vez em quando, você pode se deparar com um vinho que não tem nem o nome da uva, nem da região de origem. Esses vinhos geralmente fazem parte de três categorias: *vinhos de marca, vinhos com nomes comerciais* ou *vinhos genéricos*.

Vinhos de marca

A maioria das marcas que dão nome aos vinhos são o nome da empresa que fabricou o vinho, ou *vinícola*. Como a maioria das vinícolas produz vários vinhos diferentes, o nome da marca em si não é específico o suficiente para ser o verdadeiro nome do vinho.

Nomes de uvas em vinhos europeus

Embora a maioria dos vinhos europeus receba o nome de seu local de origem, os nomes das uvas, às vezes, aparecem nos rótulos destes vinhos. Na Itália, por exemplo, o nome oficial de um vinho poderia ser uma combinação do lugar e da uva — como o nome Barbera d'Alba, que se traduz para Barbera (uva) de Alba (lugar).

Na França, alguns produtores adicionaram, deliberadamente, o nome da uva em seus rótulos, sabendo que a uva já estava implícita no nome do vinho. Por exemplo: um Borgonha (nome do lugar) branco também pode ter o nome Chardonnay (uva) no rótulo, para informar os apreciadores de vinho que não sabem que um Borgonha branco é feito com 100%de uvas Chardonnay. Os vinhos alemães geralmente trazem os nomes das uvas juntamente com os nomes dos lugares.

No entanto, mesmo que um vinho europeu traga um nome de uva, a parte mais importante do nome do vinho, aos olhos das pessoas que o fazem, é o lugar.

Vinhos que têm *apenas* o nome da marca, sem identificação da uva ou do lugar — além do país onde foi produzido — são, geralmente, os vinhos mais baratos e comuns que se pode encontrar. Se eles forem de um país da União Europeia, eles não terão nem *a data da safra* (isto é, não haverá qualquer indicação sobre o ano em que as uvas foram colhidas), pois a lei da UE não permite que esses vinhos tenham ano de safra no rótulo.

Vinhos com nomes comerciais

É possível encontrar alguns nomes bastante criativos nas garrafas de vinho: Tapestry (tapeçaria), Conundrum (enigma), Insignia (insígnia), Isosceles (isósceles), Mythology (mitologia), Trilogy (trilogia). Nomes como estes são *nomes comerciais* (geralmente com marca registrada) que os produtores criam para vinhos especiais. Vinhos com nomes comerciais, geralmente, são fabricados em pequenas quantidades, são bastante caros (de 40 a 75 dólares, ou mais, por garrafa), e têm alta qualidade.

Vinhos genéricos

Um nome genérico é um nome de vinho que foi utilizado de modo inapropriado durante tanto tempo, que acabou perdendo seu significado original aos olhos do governo. Borgonha, Chianti, Chablis, Champagne, vinho Rhine, Jerez, Porto e Sauterne são todos nomes que, por direito, deveriam aplicar-se somente a vinhos fabricados nestes lugares específicos. Após anos de negociação com a União Europeia, o governo dos Estados Unidos finalmente concordou que estes nomes não mais podem ser usados nos vinhos americanos. No entanto, qualquer vinho que tivesse este nome antes do mês de março de 2006 pode continuar a utilizá-lo. Com o tempo, os nomes genéricos serão menos comuns nos rótulos dos vinhos.

A frase obrigatória

O governo federal exige que determinadas informações sejam mostradas nos rótulos dos vinhos vendidos nos Estados Unidos. Estas informações são, geralmente, citadas como *as obrigatórias*. Elas incluem:

- Um nome de marca.
- Indicação de classe ou tipo (vinho de mesa, vinho de sobremesa ou vinho espumante).
- A graduação alcoólica por volume (a menos que seja implícito — por exemplo: a informação "vinho de mesa" implica um conteúdo alcoólico menor que 14%).
- O nome e a localização do engarrafador.

- Conteúdo líquido (expresso em mililitros; o padrão para a garrafa de vinho é 750 ml).
- A frase *Contém Sulfitos* (com muito poucas exceções).
- O aviso do governo (que não repetiremos aqui; pegue qualquer garrafa de vinho e você o verá no rótulo traseiro).

A Figura 4-1 mostra todos os detalhes juntos em um rótulo

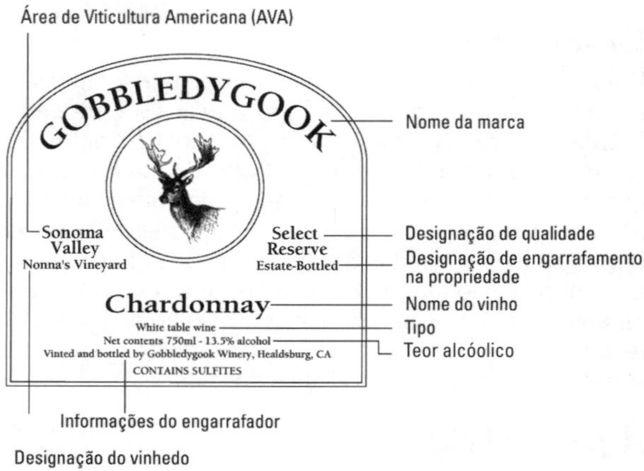

Figura 4-1: Rótulo de um vinho varietal americano

A regra europeia

Algumas das informações obrigatórias nos rótulos de vinhos americanos e canadenses também são exigidas pelas autoridades da União Europeia para vinhos produzidos ou vendidos no seu território. No entanto, as leis da UE exigem itens adicionais de rótulo para vinhos produzidos na região.

ALERTA ESNOBE

O mais importante destes termos adicionais é uma indicação do chamado nível de qualidade do vinho — que, na verdade, significa o status do vinho na hierarquia da UE para nomes de lugares. Resumindo: cada vinho feito em um país membro da UE *deve* ter um dos seguintes itens no rótulo:

- Um nome de lugar registrado, juntamente com uma frase oficial que confirme que o nome é, na verdade, um nome de lugar registrado.
- Uma frase indicando que o vinho é um *vinho de mesa*, um status mais baixo do que o de um vinho com um nome de lugar registrado.

Nos Estados Unidos, a categoria *vinho de mesa* engloba todos os vinhos não espumantes que contêm até 14% de teor alcoólico. Esse é um uso diferente do termo *vinho de mesa*.

Denominações de origem

Um nome de lugar registrado é chamado de *denominação de origem*. E define não apenas o nome do lugar de onde vêm as uvas, mas as variedades de uva do vinho, os métodos de cultivo da uva e os métodos de produção do vinho. Cada designação é, portanto, uma definição do vinho, além do nome do vinho.

Os vinhos europeus com nomes de lugares oficiais fazem parte de uma categoria europeia chamada QWPSR (sigla em inglês de Quality Wine Produced in a Specific Region, ou Vinho de Qualidade Produzido em uma Região Específica). As frases a seguir mostram que um vinho é QWPSR e que ele vem de um lugar registrado:

- **França:** *Appellation Contrôllée* (Designação Controlada) ou *Appellation d'Origine Contrôlée* (Designação de Origem Controlada) (AC ou AOC), que significam *nome regulamentado* ou *nome de lugar regulamentado*. Além disso, em rótulos de vinhos provenientes de lugares com status um pouco mais baixo, as iniciais AO VDQS, que significam *Appellation d'Origine — Vins Délimités de Qualité Supérieure*; significando *nome do lugar, vinho demarcado de qualidade superior*.
- **Itália:** *Denominazione di Origine Controllata* (Designação de Origem Controlada) (DOC), significando *nome de lugar regulamentado*; ou, para alguns vinhos de status ainda maior, *Denominazione di Origine Controllata e Garantita* (DOCG), significando *designação de origem controlada e garantida*.

- **Espanha:** *Denominación de Origen* (DO), traduzida por *nome do lugar, e Denominación de Origen Calificada* (DOC), significando *designação de origem qualificada* para regiões de mais status (das quais existem apenas duas: Rioja e Priorat).
- **Portugal:** *Denominação de Origem* (DO).
- **Alemanha:** *Qualitätswein bestimmter Anbaugebiete* (QbA), que significa *vinho de qualidade de uma região específica*; ou *Qualitätswein mit Prädikat* (QmP), que significa *vinho de qualidade com atributos especiais*, para os melhores vinhos (leia mais sobre o complexo sistema de designação alemão no Capítulo 11).

Para os vinhos de mesa europeus — vinhos sem uma designação de origem oficial — cada país europeu tem duas frases. Um termo aplica-se a vinhos de mesa com indicação geográfica (na verdade, a Itália tem duas frases nesta categoria), e outro abrange os vinhos com indicação geográfica menor do que o país de produção. Estas frases são:

Tabela 4-1 Resumo das Denominações Europeias de Vinho

País	*Designação(ões) QWPSR*	*Denominação de Vinho com Indicação Geográfica*	*Denominação de Vinho sem Indicação Geográfica*
França	AOC	Vin du pays	Vin de table
	VDQS		
Itália	DOCG	IGT; Vino da tavola (e nome geográfico)	Vino da tavola
	DOC		
Espanha	DOC	Vino de la tierra	Vino de mesa
	DO		
Portugal	DO	Vinho regional	Vinho de mesa
Alemanha	QmP	Landwein	Deutscher tafelwein
	QbA		

A Figura 4-2 mostra um rótulo de vinho europeu da maneira como ele seria nos Estados Unidos.

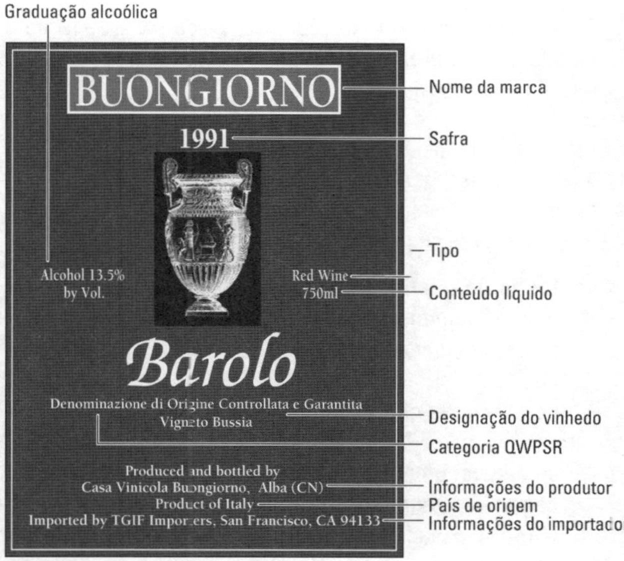

Figura 4-2: Rótulo de um vinho europeu que será vendido nos Estados Unidos.

DICA

A frase para um nome de lugar registrado nos Estados Unidos é *American Viticultural Area* (AVA). Porém, essa frase *não* aparece nos rótulos dos vinhos (veja a Figura 4-1). Assim como nenhuma frase deste tipo aparece nos rótulos dos vinhos australianos e sul-americanos.

Safra

A palavra *safra* seguida pelo ano, ou o ano mencionado sozinho, sem a palavra *safra*, é o item opcional mais comum em um vinho (veja a Figura 4-2). Às vezes, a safra aparece no rótulo frontal e outras, ela tem seu próprio rótulo acima do rótulo frontal.

A hierarquia do vinho na UE

Embora cada país da União Europeia faça suas próprias leis com relação à nomenclatura dos vinhos, estas leis devem estar de acordo com os seus modelos de leis. Estes modelos fornecem dois níveis nos quais todos os vinhos produzidos na UE devem se encaixar:

- **Vinho de qualidade:** vinhos com denominações oficiais de origem (cada lei de designação define a área geográfica, as uvas que podem ser usadas, as práticas de cultivo da uva, técnicas de fabricação e envelhecimento do vinho e assim por diante). Esta categoria é abreviada por QWPSR, em inglês (Quality Wine Produced in a Specific Region) ou VQPRD (Vinho de Qualidade Produzido em Regiões Determinadas), em diversos idiomas europeus. Todos os vinhos AOC, DOC, DO e QbA — para utilizar as abreviações mencionadas anteriormente neste capítulo — fazem parte desta categoria.
- **Vinho de mesa:** todos os outros vinhos produzidos na União Europeia. A categoria de vinhos de mesa tem duas sub-categorias: vinhos de mesa com uma indicação geográfica precisa no rótulo, como o vin du pays francês ou o vino de la tierra espanhol; e vinhos de mesa sem indicação geográfica, a não ser o país de origem. Esses últimos podem não ter o ano da safra ou o nome da uva. Todos os outros vinhos vendidos na UE fazem parte de uma terceira categoria:
- **Vinho:** vinhos produzidos por países que não fazem parte da União Europeia, como os Estados Unidos, Canadá ou Austrália. Se um vinho tem uma indicação geográfica menor que o país de origem, ele tem mais status do que se não a tivesse.

O *ano da safra* é apenas o ano em que as uvas de um determinado vinho foram colhidas; o vinho deve conter de 75 a 100% das uvas de seu ano, dependendo do país de origem (vinhos *sem safra* são misturas de vinhos cujas uvas foram colhidas em anos diferentes). Existe uma aura ao redor dos vinhos com ano da safra, que faz com que muitas pessoas acreditem que qualquer vinho de safra é, por definição, melhor do que um vinho sem ano de safra *Na verdade, não existe relação entre a presença de um ano de safra e a qualidade do vinho.*

Reserva

É nossa palavra sem sentido preferida nos rótulos dos vinhos americanos. O termo é usado para convencê-lo de que o vinho que está dentro da garrafa é especial. Este truque geralmente funciona, pois a palavra *tem* um significado específico e *tem* um certo prestígio em rótulos de vinhos de muitos outros países:

- Na Itália e na Espanha, a palavra *reserva* (ou seu equivalente no idioma estrangeiro, que é algo como *reserve*) indica um vinho que recebeu um envelhecimento extra na vinícola antes de ser comercializado. Implícita nesse envelhecimento adicional está a ideia de que o vinho era melhor do que o normal e, portanto, digno do envelhecimento adicional. A Espanha tem *graus* de reserva, como Gran Reserva, por exemplo.
- Na França, o uso do termo *reserva* não é regulamentado. No entanto, seu uso é, geralmente, consistente com a noção de que o vinho tem qualidade melhor do que uma determinada norma do produtor.

Engarrafado na propriedade

Propriedade é uma palavra gentil para um parreiral, uma operação combinada de cultivo de uva e fabricação de vinho. As palavras *engarrafado na propriedade* no rótulo de um vinho indicam que a empresa que engarrafou o vinho também cultivou as uvas e fez o vinho. Em outras palavras, *engarrafado na propriedade* sugere créditos desde os vinhedos e fabricação do vinho até o envase. Em muitos países, a vinícola não precisa, necessariamente, ser dona dos vinhedos, mas tem que controlá-los e fazer suas operações.

O engarrafamento na propriedade é um conceito importante para aqueles que acreditam que não seja possível fazer um bom vinho se as uvas não forem as melhores possíveis. Se *nós* fizéssemos vinho, certamente iríamos querer controlar nossos próprios vinhedos.

No entanto, não iríamos exagerar a ponto de afirmar que os melhores vinhos *devem* ser engarrafados na propriedade. A Vinícola Ravenswood — apenas para ter um exemplo — faz ótimos vinhos a partir de uvas de pequenos vinhedos de propriedade e operação privada. E alguns grandes proprietários de terra da Califórnia, como a família Sangia, são bastante sérios com relação aos seus vinhedos, mas não fabricam vinho; eles vendem suas uvas para várias vinícolas. Nenhum destes vinhos seria considerado engarrafado na propriedade.

ALERTA ESNOBE

Às vezes, os rótulos de vinhos franceses têm as palavras *domaine-bottled* ou *château-bottled* (ou a frase *mis en bouteille au château/au domaine*). O conceito é o mesmo do engarrafamento na propriedade, sendo que *domaine* e *château* são equivalentes ao termo *propriedade*.

Nome do vinhedo

Alguns vinhos da categoria de preço médio a caro — que custam aproximadamente 25 dólares ou mais — podem ter em seu rótulo o nome do vinhedo específico onde suas uvas foram cultivadas. Às vezes, uma vinícola fará dois ou três vinhos diferentes que só poderão ser diferenciados pelo nome do vinhedo no rótulo. Cada vinho é único porque o *terroir* de cada vinhedo é único. Estes vinhedos específicos podem, ou não, ser identificados pela palavra *vinhedo* ao lado do nome do vinhedo.

Os vinhos italianos, que ficam em um único vinhedo, terão a palavra *vigneto* ou *vigna* nos rótulos, ao lado do nome do único vinhedo. Ou não. É opcional.

Capítulo 5

Os Bastidores da Fabricação de Vinhos

Neste Capítulo

- Separando os termos significativos relacionados ao vinho das asneiras
- *ML, pH, micro-oxigenação e remoção de borra*
- Termos técnicos para impressionar seus amigos

Nem sempre é fácil encontrar o que se precisa nos rótulos dos vinhos ou nas explicações de vendedores. O vinho não é um só produto. Alguns vinhos são apenas uma bebida e devem ter gosto bom — ponto final. Outros são uma forma de arte, que fascina e intriga as pessoas. Muitos que fabricam e vendem vinho querem que você pense que seus vinhos fazem parte da segunda categoria, com maior prestígio e uma linguagem técnica complicada é usada para que você pense que um vinho é especial, muito mais que uma simples bebida.

Cultivo de Uvas, Fabricação de Vinhos e o Jargão que os Rodeia

Os produtores de uva usam diversas técnicas para fazer o vinho. Essas técnicas variam de acordo com as uvas que os produtores têm e com o tipo de vinho que estão fazendo. Se um produtor está produzindo uma enorme quantidade de um vinho que será vendido a 5,99 dólares, por exemplo, provavelmente, ele não colocará o vinho em barris novos de carvalho, pois o custo deles pode acrescentar pelo menos 5 dólares ao preço final de cada garrafa.

Viti-vini

A produção de vinho envolve, na verdade, dois passos distintos: o cultivo das plantas, chamado de *viticultura*, e a fabricação do vinho, chamada de *vinificação* (em alguns cursos sobre vinhos, os alunos apelidam o processo duplo de *viti-vini*).

Às vezes, uma empresa faz ambos os processos, como é o caso de vinhos *engarrafados na propriedade*. E, outras, os dois processos são totalmente separados. Por exemplo: algumas vinícolas grandes compram uvas de produtores particulares. Esses produtores não fazem vinho; eles apenas cultivam as uvas e as vendem para a empresa vinícola que oferecer o melhor preço por tonelada.

Variações no cultivo de vinhas

Cultivar uvas para fazer vinho é um processo bastante complexo, que deve ser refinado pelos viticultores o tempo todo, para que o cultivo se adeque ao solo, o clima e as variedades de uva. Muitos termos técnicos acabam sendo usados em discussões sobre vinho ou aparecem nos rótulos.

ALERTA ESNOBE

- **Microclima:** cada região vinífera tem condições climáticas específicas. A realidade climática única de um determinado local, geralmente, é chamada de *microclima*. Tecnicamente, o termo correto para o que acabamos de descrever é *mesoclima*, mas microclima é um termo mais comum nos rótulos traseiros de vinhos e no uso coloquial.
- **Dossel:** a viticultura comercial prende os brotos das vinhas em arames ou treliças em um padrão sistemático. O objetivo de *conduzir* a vinha — como é chamada essa atividade — é posicionar os cachos de uva para que eles recebam sol suficiente para amadurecerem bem e para que a fruta fique ao alcance das pessoas que irão colhê-la.

  Um *dossel aberto* é um método de entrelaçamento que maximiza a exposição das uvas à luz do sol. O *gerenciamento de dossel*, a prática de movimentar as folhas e os frutos para a melhor posição em um determinado vinhedo, é um termo técnico bastante popular.

- **Maturação:** em climas mais amenos, um alto grau de maturação não acontece todos os anos; uvas de safras "mais maduras" devem, portanto, ser mais ricas e mais encorpadas do que o padrão para aquele tipo de vinho. Em climas mais quentes, a maturação é quase automática; o truque é não deixar que as uvas fiquem maduras rapidamente, o que faz com que tenham muito açúcar, mas sejam fisiologicamente imaturas e subdesenvolvidas em seus sabores. Por isso, não há uma definição exata para a maturação perfeita.
- **Baixa produção:** de modo geral, quanto mais uvas um vinhedo tem (mais alta é sua *produção*), menos concentrados serão os sabores dessas uvas e menor qualidade (e menor preço) seus vinhos terão. O ideal é a baixa produção que concentra o sabor do vinho: se o vinho é magro ou aguado, devemos suspeitar da afirmação de "baixa produção".
- **Orgânico:** cada vez mais, os produtores de uva cultivam seus vinhedos de maneira *orgânica*, isto é, sem o uso de pesticidas químicos, herbicidas e assim por diante. Os motivos têm a ver com a saúde da terra e, geralmente, com a crença de que as uvas cultivadas organicamente são melhores que as cultivadas de maneira tradicional e fazem um vinho melhor. Para que um rótulo nos Estados Unidos afirme que as uvas usadas no vinho foram cultivadas organicamente, o vinhedo deve ser certificado como orgânico por uma organização governamental autorizada.

Maravilhas da fabricação do vinho

O resultado da vinificação na produção do vinho tem duas partes:

- **Fermentação,** o período em que o suco de uva se transforma em vinho
- **Maturação** (ou *conclusão*), o período que segue a fermentação, quando o vinho assenta, perde sua aspereza, faz o cursinho e se apronta para enfrentar o mundo

Dependendo do vinho que está sendo feito, o processo inteiro pode demorar de três meses a cinco anos — ou até mais se o banco não estiver cobrando a vinícola.

Quando a madeira se transforma em mágica

Barris de carvalho, com capacidade para 180 litros, geralmente são utilizados como recipientes para o vinho durante a fermentação ou a maturação. Eles conferem sabor e aroma de carvalho ao vinho, o que muitas pessoas acham bastante atraente; eles também podem afetar a textura e a cor do vinho — a maioria das pessoas considera o carvalho francês o melhor.

Fermentado em barril versus envelhecido em barril

O termo *fermentado em barril* significa que o mosto (suco das uvas) não-fermentado entrou nos Barris (quase sempre feitos de carvalho) e se transformou em vinho lá dentro. O termo *envelhecido em barril* geralmente significa que o vinho (já fermentado) foi para os Barris e ficou lá por um período de maturação — de alguns meses a alguns anos. Como a maioria dos vinhos que fermentam em Barris permanecem ali por vários meses após o término da fermentação, a *fermentação* e o *envelhecimento em barril* são, geralmente, feitos juntos. O termo *envelhecido em barril* sugere que a fermentação aconteceu em outro lugar que não o barril — geralmente, em tanques de aço inoxidável.

Os vinhos que fermentam em Barris acabam com *menos* gosto de carvalho do que os vinhos que só envelhecem neles, mesmo que tenham passado mais tempo no carvalho (um Chardonnay fermentado e envelhecido em barril pode ter passado 11 meses no carvalho, por exemplo, e um Chardonnay envelhecido no barril pode ter passado apenas cinco meses no carvalho).

Ainda Mais Termos da Fabricação de Vinhos

Entenda os assuntos dos esnobes com esta incrível seleção de jargões:

- **Controle de temperatura:** como a temperatura da fermentação (aproximadamente, entre 12 ºC e 25 ºC para os vinhos brancos, e 25 ºC e 34 ºC para os tintos) afeta o estilo final do vinho, ele é crucial para um bom resultado.

- **Aço Inoxidável:** grandes tanques feitos de aço inoxidável higiênico são os recipientes escolhidos para a maioria das fermentações do vinho tinto ou branco, ou seja, ou o vinho não ficou em carvalho (o que é comum para vários vinhos brancos aromáticos, como Rieslings, para preservar o sabor das uvas), ou foi envelhecido em barris e não fermentado nele.
- **Borra:** é o nome para diversos sólidos, como células mortas de levedura, que precipitam para o fundo do vinho após a fermentação. Esses sólidos podem interagir com o vinho e criar sabores mais complexos. Às vezes, os fabricantes de vinho removem a borra periodicamente para evitar sabores muito fortes. Um vinho branco que ficou muito tempo em contato com a borra é, geralmente, mais rico em textura e tem gosto menos frutado.
- **ML** ou **malolática:** a *malolática*, apelidada de *ML* ou *malo*, é uma fermentação secundária que enfraquece os ácidos do vinho, deixando-o mais suave e menos ácido. A ML geralmente acontece naturalmente, porém, um fabricante também pode estimulá-la ou evitá-la. Os vinhos tintos quase sempre sofrem fermentação malolática, porém, para os vinhos brancos, a ML é uma decisão de estilo que parte do fabricante. Às vezes, a ML pode atribuir um sabor amanteigado ao vinho branco, mas diminui sua fruticidade.
- **pH:** o termo químico *pH* significa, para o vinho, exatamente a mesma coisa que significa nos campos científicos. O pH é uma medida de acidez; vinhos com pH baixo (aproximadamente 3.4 ou menos) têm acidez mais forte, e vinhos com pH alto são menos ácidos.
- **Taninos suaves:** alguns taninos conferem aos vinhos uma textura rica e uma impressão de corpo sem ter gosto amargo; outros taninos são adstringentes e secam a boca. *Taninos*

suaves, ou *taninos maduros*, são denominações usadas para designar o bom tipo. Os fabricantes obtêm taninos finos colhendo uvas totalmente maduras, controlando o tempo e a temperatura de fermentação e usando outras técnicas.

- **Micro-oxigenação:** uma técnica relativamente nova, de alta tecnologia que envolve a injeção de quantidades minúsculas e controladas de oxigênio durante ou após a fermentação. Esse processo pode imitar a exposição suave e contínua ao oxigênio que os vinhos tintos envelhecidos em barril recebem quando amadurecem na madeira e, desta forma, ajudá-los a desenvolver taninos mais suaves e uma cor mais estável sem qualquer utilização de carvalho. Em inglês, este termo também é chamado de *microx* nos círculos técnicos.

- **Colagem e filtração:** os fabricantes *colam* e *filtram* a maioria dos vinhos próximos ao final do período de maturação. O objetivo é *clarear* o vinho — isto é, remover qualquer turvação, sólidos, leveduras, bactérias ou outras criaturas microscópicas que podem piorar o vinho depois do engarrafamento — e *estabilizá-lo*.

  Apesar do purismo de alguns apreciadores de vinho que não concordam com a colagem e a filtração, ambos os processos, se feitos com cuidado, não prejudicam o vinho.

- **Corte:** este termo geralmente se aplica à fabricação de um vinho a partir de mais de uma variedade de uvas. Os fabricantes de vinho, em geral, fermentam as diferentes uvas separadamente e, em seguida, cortam (misturam) os vinhos.

Parte II

O Vinho e Você: Íntimo e Pessoal

A 5ª onda por Rich Tennant

Nesta parte...

Já que você aprendeu alguns fundamentos — como variedades de uvas, tipos e nomes de vinhos — está pronto para aplicar seu conhecimento em nível prático. Saca-rolhas, taças, cartas de vinhos de restaurantes e lojas especializadas não serão um desafio, uma vez que você os compreenda dando uma olhada nas páginas dos capítulos a seguir. Isso é uma promessa.

Capítulo 6

Explorando uma Loja de Vinhos

Neste Capítulo

- Armando-se contra as forças da intimidação
- Comprando em lojas grandes
- Escolhendo um bom comerciante de vinhos
- Encontrando a ajuda que você precisa para comprar o vinho que quer

O objetivo deste capítulo é ajudá-lo a identificar um bom vinho para que você não dependa de outra pessoa na hora de comprar um vinho que ainda não experimentou.

Comprar Vinho Pode Intimidar Qualquer Um

Escolher um vinho não é tão simples como escolher uma marca de refrigerante. Porém, há muitas dicas para lhe guiar. Siga nossas dicas e você notará como é prazeroso escolher e comprar o próprio vinho.

DICA

Nossa experiência nos ensinou que a única maneira eficaz de garantir mais experiências boas do que ruins com a compra de vinho é aceitar o seu conhecimento — ou a falta dele — sobre o assunto. Mas tenha em mente que é impossível saber tudo, então, relaxe.

Lojas de Vinho, Grandes e Pequenas

Hoje em dia, é possível comprar vinho em todos os tipos de lojas: supermercados, super lojas de vinhos, distribuidora ou pequenas lojas especializadas. O vinho é uma bebida regulamentada em vários países e os governos geralmente se envolvem na decisão de onde e como ele poderá ser vendido e, no Brasil, assim como toda bebida alcoólica, só pode ser vendido a maiores de dezoito anos:

Supermercados, super lojas e assim por diante

Quando o vinho é vendido em supermercados ou em distribuidoras, a mística ao redor dele evapora, mas o preço costuma ser ligeiramente mais baixo. Por outro lado, a variedade também é menor. Além de restringir sua escolha a vinhos produzidos por grandes vinícolas, raramente você recebe algum conselho sobre quais vinhos deve comprar. Então, basicamente, você está sozinho.

DICA

O resultado é que supermercados e distribuidoras podem ser ótimos para se comprar vinhos para o dia a dia, para uma apreciação casual. Mas se o que você quer realmente é aprender sobre o vinho enquanto o compra, ou se deseja uma maior e melhor variedade de vinhos, você deve fazer suas compras em outro lugar.

Lojas especializadas em vinho

Lojas especializadas em vinho são lojas de tamanho pequeno a médio, que vendem vinho e bebidas alcoólicas e, às vezes, livros sobre vinhos, saca-rolhas, taças de vinho e, talvez, alguns produtos "gourmet".

Se você decidir lidar com o vinho como um hobby sério, lojas como esta são os lugares onde você acabará aprendendo sobre vinhos e comprando seu vinho. O motivo é que as lojas especializadas em vinho quase sempre têm funcionários muito bem informados para o atendimento de todo tipo de clientela. Além disso, é possível encontrar uma seleção interessante e variada de vinhos em todas as faixas de preço.

Escolhendo o Melhor Comerciante de Vinhos

Formar um conceito sobre um comerciante de vinhos é tão simples quanto julgar um comerciante de qualquer outra especialidade. O critério principal são preços justos, uma seleção ampla e a experiência e o serviço dos vendedores. Além disso, a loja deve armazenar seus vinhos nas condições adequadas.

Colocando o preço em perspectiva

DICA

É melhor pagar um pouco mais por vinhos recomendados por um comerciante confiável (vinhos que provavelmente você irá gostar), do que comprar vinhos em uma distribuidora e fazer economia inútil, principalmente se esta loja não tiver um conselheiro especializado ou se o conselho recebido for suspeito.

LEMBRE-SE

Quando tiver mais conhecimento sobre vinhos, você terá confiança suficiente para comprar em lojas com os melhores preços. Mas, mesmo assim, o preço deve vir depois das condições de armazenamento do vinho.

Julgando as condições de armazenamento do vinho

CUIDADO!

Eis um fato que vale a pena aprender desde cedo: o vinho é um produto perecível. Normalmente, ele não oferece perigos à saúde além daqueles associados com o álcool e às sensibilidades de alguns indivíduos, mesmo quando passou de seu apogeu. Na verdade, alguns vinhos — geralmente os mais caros — podem ficar cada vez melhores conforme envelhecem. Porém, se o vinho não for armazenado corretamente, seu sabor pode ser prejudicado.

DICA

Nas melhores lojas de vinho, você verá a maioria das garrafas (com exceção das garrafas baratas, grandes, ou garrafões) em *posição horizontal*, para que as rolhas fiquem molhadas, garantindo uma boa vedação. Uma rolha seca pode rachar ou encolher e deixar que entre ar na garrafa, o que irá estragar o vinho. Passar pouco tempo em pé não afeta muito o vinho, portanto, lojas com índices altos de renovação podem armazenar os vinhos mais vendidos desta maneira, porém, as garrafas que não têm tanta saída e as mais caras, principalmente aquelas que deverão ainda passar por maturação em sua adega, deverão estar deitadas.

Estratégias para Comprar Vinho

Quando você está além de todas as insinuações comprometedoras do ego associadas à compra de vinho, pode realmente se divertir nas lojas. Viagens a outras cidades ofereceram novas oportunidades de exploração. Tantos vinhos e tão pouco tempo...

Veja uma oportunidade e aproveite

Se você deseja conhecer a maravilhosa oferta de vinhos de todo o mundo, experimentar é uma obrigação. Novos vinhos podem ser interessantes e excitantes. De vez em quando, você poderá errar na escolha, mas, pelo menos, vai aprender a não comprar aquele vinho novamente!

Explique o que você quer

DICA

Não é preciso dizer que, na maioria das vezes, o cliente nunca encontra o vinho que está procurando. Por isso, quando beber um vinho e gostar, anote o máximo que puder de informações sobre ele. Não confie em sua memória. Se o seu vendedor de vinhos souber o nome do vinho, poderá lhe oferecer o vinho correto ou algum que se aproxime do seu favorito. Se dominar as características dos vinhos, poderá descrever o que você gosta em termos claros e simples. Por exemplo: vinho branco "fresco, seco", ou "frutado, maduro, acarvalhado, amanteigado, encorpado".

Escolha seu preço

Como o preço de uma garrafa de vinho pode variar entre 4 e centenas de dólares, é uma boa ideia decidir, aproximadamente, quanto você quer gastar e informar ao vendedor. Determine duas faixas de preço em sua cabeça: uma para o dia a dia e uma para ocasiões especiais. Estes preços provavelmente mudarão com o tempo, conforme você descobre vinhos melhores. Um bom vendedor, com uma seleção adequada, deve ser capaz de fazer várias sugestões dentro de sua categoria de preços.

Capítulo 7

Enfrentando a Carta de Vinhos de um Restaurante

Neste Capítulo

- Mostrando à carta de vinhos quem é que manda
- Escolhendo o vinho certo
- Sobrevivendo ao ritual da apresentação do vinho
- Conhecendo os bares de vinho

Ao comprar uma garrafa de vinho em um restaurante, você pode degustá-lo no mesmo instante: gratificação instantânea. Se ainda não se sente confiante, peça ajuda ao maître para que ele o oriente na escolha do vinho que melhor se harmoniza com o prato selecionado.

A Experiência com os Vinhos no Restaurante

Na maioria dos restaurantes, você tem que escolher seu vinho em um menu que só informa os nomes dos vinhos e os preços por garrafa — e ainda sim consegue deixar estas poucas informações um tanto quanto incompreensíveis. Bem vindo à *carta de vinhos do restaurante.*

Como o Vinho é Vendido nos Restaurantes

Os vinhos disponíveis em um restaurante, geralmente, pertencem a quatro categorias:

- Os *vinhos da casa*, geralmente um branco e um tinto e, às vezes, um espumante. Estes vinhos podem ser comprados *por taça* ou em uma *jarra* (um recipiente de boca larga e sem alça). São os vinhos que você recebe quando pede simplesmente uma taça de branco ou tinto.
- Vinhos *premium*, disponíveis em taças. Eles oferecem uma seleção mais ampla do que os vinhos da casa e, geralmente, têm melhor qualidade (normalmente estes vinhos também são disponibilizados em garrafas).
- Vinhos disponibilizados em garrafas, que fazem parte da *carta de vinhos regular*, ou padrão, do restaurante.
- Vinhos mais antigos ou mais raros são disponibilizados em garrafas, em uma carta especial, às vezes chamada de *carta de vinhos reservados* (nem todos os restaurantes têm esta lista).

Pedir vinhos premium em taça é uma boa ideia, principalmente se você quer beber apenas uma ou duas taças, ou se seus convidados querem experimentar vários vinhos.

Pedindo Seu Vinho

Eis alguns métodos para não fazer feio na escolha de um vinho:

- Se você não tem certeza de como se pronuncia o nome do vinho, aponte para ele na lista ou use o número de item (caso haja);
- Aponte dois ou três vinhos da lista para o sommelier, ou especialista, e pergunte: "Estou pensando nestes vinhos. Qual deles o senhor recomenda?". Essa também é uma maneira sutil de comunicar seu limite de preços;

- Peça para *ver* uma ou duas garrafas; a familiaridade com os rótulos, ver o nome de um importador cujos vinhos você gostou ou outros aspectos do rótulo podem ajudá-lo a decidir;
- Pergunte se eles vendem meia-garrafa (375 ml) ou garrafas de 500 ml. Às vezes, elas não estão listadas, mas as garrafas menores aumentam suas possibilidades. Por exemplo: você pode beber meia garrafa de vinho branco e meia garrafa, ou uma garrafa (750 ml) de vinho tinto;
- Mencione o prato que você planeja pedir e peça sugestões de vinhos que complementem a refeição.

Tabela 7-1 Opções de vinho confiáveis para se pedir no restaurante

Quando quiser:	*Peça:*
Um vinho branco, fresco e seco, que não tenha sabor muito marcante, para acompanhar peixes ou frutos do mar delicadamente temperados	Soave, Pinot Grigio ou Sancerre
Um vinho branco seco, com sabor marcante; perfeito para acompanhar mexilhões e outros mariscos	Sauvignon Blanc da África do Sul ou Nova Zelândia
Um vinho branco seco, encorpado, cheio de personalidade, para acompanhar aves simples, risoto e pratos de peso médio	Mâcon-Villages, St. Véran ou Puilly-Fuissé
Um vinho branco encorpado, rico, para acompanhar lagosta ou entradas com frango	Chardonnay californiano ou australiano
Um vinho branco encorpado, com traço de nozes e mel; para acompanhar peixes com bastante carne, vitela ou entradas de carne de porco	Meursault
Um vinho branco meio-seco, para pratos asiáticos	Chenin Blanc, Vouvray ou Riesling alemão

(continua)

Tabela 7-1 Opções de vinho confiáveis para se pedir no restaurante (Continuação)

Quando quiser:	*Peça:*
Um tinto barato, fácil de beber; para acompanhar frango assado	Beaujolais (principalmente de um produtor respeitável, como Louis Jadot, Joseph Drouhin ou Georges Duboeuf)
Um tinto versátil, saboroso, relativamente barato que possa acompanhar pratos temperados	Zinfandel tinto da Califórnia
Um tinto mais leve, delicioso, jovem, que acompanhe todos os pratos de intensidade leve a média	Pinot Noir do Oregon ou da Califórnia
A versão francesa básica do Pinot Noir; experimente com cortes simples de carne	Bourgogne Rouge
Um tinto seco, com aroma de especiarias, saboroso e relativamente barato, perfeito para acompanhar pizza	Barbera ou Dolcetto
Um tinto muito seco, encorpado, ótimo para acompanhar diversos pratos	Chianti Classico

Lidando com o Ritual de Apresentação do Vinho

Em muitos restaurantes, a apresentação do vinho acontece com muita solenidade e cerimônia. Na verdade, existe uma lógica por trás do Ritual de Apresentação do Vinho.

Passo a passo, o Ritual (e a lógica) é assim:

1. **O garçom, ou o sommelier, apresenta a garrafa para você (presumindo que você tenha pedido o vinho) inspecionar.**

   O objetivo deste procedimento é certificar-se de que a garrafa *é* a que você pediu. Verifique o rótulo com atenção. Sinta a garrafa em sua mão, se quiser, para verificar se a temperatura parece correta. Se estiver satisfeito com a garrafa, mostre sua aprovação a quem está servindo.

2. **O garçom remove a rolha e a coloca na sua frente.**

   O objetivo deste passo é que você verifique, cheirando e inspecionando a rolha, se ela está em boas condições e se ela parece ser a rolha daquela garrafa de vinho.

   Em situações raras, um vinho pode ter absorvido tanto o sabor da rolha que a própria rolha tem um odor desagradável. Em ocasiões ainda mais raras, a rolha pode estar totalmente molhada e enrugada, ou muito seca e farelenta; ambas as situações sugerem que entrou ar no vinho, estragando-o. Porém, na maioria das vezes, a apresentação da rolha é irrelevante. Se a rolha levantar suspeitas, você ainda deve esperar para cheirar ou provar o vinho antes de decidir se vai rejeitar a garrafa.

3. **Se o vinho precisar ser decantado, o garçom fará isso.**

   Para saber mais sobre decantação, veja o Capítulo 8.

4. **O garçom serve uma pequena quantidade de vinho em sua taça e espera.**

   Neste momento, você *não* deve dizer "Só isso?!" Espera-se que você cheire o vinho e, talvez, dê um gole e, em seguida, mostre sua aprovação para o garçom, ou murmure "está bom". Na verdade, este é um passo importante do Ritual, pois se algo estiver *errado* com o vinho, *este* é o momento de devolvê-lo — não depois de ter bebido metade da garrafa!

   Se você não tem certeza se a condição do vinho é aceitável, peça a opinião de outra pessoa de sua mesa e, então, tomem uma decisão; caso contrário, irá se arriscar a se sentir como um tolo ao devolver a garrafa mais tarde, sendo que um de seus convidados havia dito que era defeituosa, ou bebendo o vinho quando é evidente que há algo errado com ele. De qualquer maneira, o prejuízo é seu. Leve o tempo que precisar neste passo.

5. **Se você aceitar o vinho, o garçom servirá seus convidados e, por último, você.**

   Agora, você pode relaxar.

Dicas Sobre Vinhos de Restaurante

Beber vinho em um restaurante exige tantas decisões que é necessário um guia. O vinho deve ser deixado em um balde de gelo? O que fazer se o vinho for ruim? Você pode levar o vinho de casa? Deixe que as dicas a seguir o ajudem:

- **Posso abandonar o hábito do balde de gelo?** A maioria dos garçons presume que um balde de gelo seja necessário para resfriar vinhos brancos e espumantes. Mas, às vezes, a garrafa já está tão gelada quando chega à mesa, que seria melhor deixar o vinho esquentar um pouco em cima da mesa. Se seu vinho branco estiver em um balde de gelo e você achar que ele está ficando gelado *demais*, tire a garrafa do gelo, ou peça para o garçom tirar. Às vezes, um vinho tinto que está um pouco mais quente que o necessário pode se beneficiar com cinco ou dez minutos em um balde de gelo (mas tenha cuidado! Ele pode ficar gelado demais rapidamente). Se o garçom agir como se você fosse louco por resfriar um vinho tinto, ignore-o.
- **O vinho deve "respirar"?** Se um vinho tinto que você pediu precisa ser airado para suavizar seus taninos, o fato de tirar a rolha será praticamente inútil para isso. Decantar a garrafa ou servir o vinho nas taças é a melhor tática;
- **Onde está minha garrafa?** Preferimos que nossa garrafa de vinho fique sobre nossa mesa, ou perto dela, assim, vemos o rótulo e não teremos que esperar que o garçom se lembre de nos servir novamente.
- **E se a garrafa for ruim?** Recuse qualquer garrafa que tenha gosto ou cheiro desagradável. Um bom dono de restaurante sempre substituirá o vinho, mesmo que ache que não há nada errado com ele.

- **Posso levar vinho de casa?** Alguns restaurantes permitem que você leve o vinho de casa. Os restaurantes geralmente cobrarão uma *taxa de rolha* (uma taxa para utilização das taças e assim por diante). Não leve um vinho que faça parte da carta do restaurante; é um insulto (consulte antes telefonando para o restaurante). De qualquer maneira, você certamente deve ligar com antecedência para ver se é possível levar vinho de sua casa (em alguns lugares, eles não permitem) e para saber de quanto é a taxa.
- **E se estou fora do país?** Se visitar países fabricantes de vinho, como França, Itália, Alemanha, Suíça, Áustria, Grécia, Espanha ou Portugal, por favor, experimente os vinhos locais. Eles serão mais frescos que os importados, estarão em boa condição e terão o melhor preço da carta. Não faz sentido pedir vinhos franceses, como Bordeaux ou Borgonha, na Itália, por exemplo. Ou Cabernet californiano em Paris.

Capítulo 8

Dicas dos Especialistas para Servir e Usar o Vinho

Neste Capítulo

- Aprendendo lições de respiração para sua garrafa
- Conhecendo os tipos de taças para vinho
- Guardando o vinho que sobra

Remover a rolha de uma garrafa de vinho é o primeiro desafio a ser enfrentado em sua jornada para apreciá-lo. Felizmente, depois que você pega o jeito, fica fácil — na maioria das vezes. Depois disso, existem pequenos detalhes sobre o modo de servir vinho, como o tipo de taça que será utilizada e o que fazer se todo o vinho não for consumido. Mas a ajuda está a caminho para os que se sentem desafiados pelo vinho!

Tirando a Rolha

Antes de pensar em remover a rolha de uma garrafa de vinho, é preciso lidar com aquilo que recobre a rolha. A maioria das garrafas de vinho tem uma cobertura colorida no gargalo, chamada *cápsula*. As vinícolas colocam as cápsulas sobre as rolhas por dois motivos: para manter as rolhas limpas e para criar uma aparência atraente para suas garrafas.

Seja a cápsula feita em plástico, metal ou celofane transparente, que permite que a rolha fique aparente, geralmente, ela será removida inteira, para que o vinho não entre em contato com ela quando servirmos. Usamos a pequena faca que vem com a maioria dos *saca-rolhas* — ferramentas que só servem para abrir garrafas de vinho. Quando encontramos uma tampa plástica sobre a rolha, ao invés de uma cápsula, simplesmente a removemos com a ponta de uma faca.

Depois de remover a cápsula ou a tampa, limpamos a ponta da garrafa com um pano úmido. Às vezes, a ponta visível da rolha está escura, por causa de mofo criado na parte debaixo da cápsula e, neste caso, limpamos tudo com mais cuidado. Se houver mofo em cima da rolha, não se preocupe. Ele é, na verdade, um bom sinal: significa que o vinho foi armazenado em um local úmido.

O saca-rolhas que não deve ser usado

O único saca-rolhas que evitamos completamente calha de ser o tipo mais comum do mercado. Não gostamos dele por um único e simples motivo: ele destrói a rolha, quase garantindo que haverá flocos marrons boiando em sua taça de vinho. Este saca-rolhas é o infame Saca-Rolhas de Alavanca Dupla, um dispositivo feito em metal cromado, que se parece com um cruzamento entre um alicate e uma broca. Ao inserir este saca-rolhas em uma rolha, duas "asas" se abrem ao lado dele.

O saca-rolhas certo

DICA

Um saca-rolhas indispensável para qualquer um é o modelo Screwpull. Ele foi inventado no início dos anos 1980 por um renomado cientista de Houston, Dr. Herbert Allen que, aparentemente, estava cansado de sempre perder para um pedaço de rolha de dez centavos.

O Screwpull tem, aproximadamente, 15 centímetros de comprimento. Ele consiste de uma peça plástica arqueada (que se parece com um pregador de roupas) segurando um a haste extraordinariamente longa, cerca de 13 centímetros, revestida com Teflon (veja a Figura 8-1).

Para usar este saca-rolhas, você apenas coloca a parte plástica sobre o topo da garrafa (após remover a cápsula), até que a lombada do plástico se apoie na borda da garrafa. Segure o plástico firmemente enquanto gira a alavanca do passo no sentido horário, a rolha sairá magicamente da garrafa. Para tirar a rolha do Screwpull, gire a alavanca no sentido anti-horário enquanto a segura.

Figura 8-1: O saca-rolhas Screwpull.

Outros saca-rolhas que valem a pena comprar

Os outros saca-rolhas que indicamos são dispositivos menores, que — além de funcionar melhor de vez em quando — cabem, convenientemente, no bolso de suas calças ou avental. O tamanho é um motivo pelo qual os garçons nos restaurantes os preferem.

O saca-rolhas de lâminas ou Ah-É assim!

É um dispositivo simples, feito de dois finos prolongamentos metálicos, sendo que um deles é um pouco mais longo (veja a Figura 8-2). Para usá-lo, você insere as pontas entre a rolha e a garrafa (primeiro a mais longa), com um movimento de vaivém até que a parte de cima esteja tocando o topo da rolha. Em seguida, você gira a rolha enquanto a puxa, gentilmente, para cima.

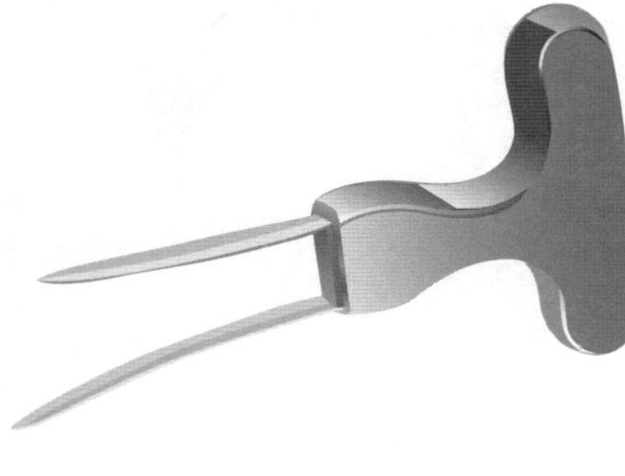

Figura 8-2: O saca-rolhas de lâminas (ou Ah-É assim!)

CUIDADO!

O "Ah-É assim!" não serve com rolhas soltas, que se movem no pescoço da garrafa quando você tenta removê-las. Ele só empurra estas rolhas em direção ao vinho. Neste ponto, você precisará de outra ferramenta, chamada de *recuperador de rolhas* (mais adiante neste capítulo).

O saca-rolhas mais profissional de todos: nossa última recomendação em saca-rolhas e, provavelmente, o mais usado nos restaurantes do mundo inteiro, é chamado simplesmente de Amigo do Garçom. Uma base reta ou levemente curvada, que contém três ferramentas retráteis, como em um canivete suíço: uma alavanca, uma haste espiral e uma pequena faca útil para remover a cápsula da garrafa (veja a Figura 8-3). A utilização do "Amigo do Garçom" requer um pouco de prática. Primeiro, feche o punho ao redor do pescoço da garrafa. O segredo é guiar a haste espiral pelo centro da rolha, girando o saca-rolhas; gire lentamente no início, até ter certeza de que a espiral está centralizada na rolha. Depois de chegar ao final da rolha, encaixe a alavanca na boca da garrafa e faça força para cima, puxando a rolha. Dê um puxão firme no final, ou remova a rolha com a mão.

Figura 8-3: Saca-rolhas Amigo do Garçom.

Garçom, tem rolha no meu vinho!

De vez em quando, mesmo que você tenha usado adequadamente o saca-rolhas correto, pode haver pedaços de rolha flutuando em seu vinho. Eles podem ser pequenos flocos secos que esfarelaram na garrafa, pedaços de cortiça, ou até a rolha inteira. Saiba que a cortiça não irá prejudicar o vinho. Além disso, existe um instrumento maravilhoso chamado *recuperador de rolha*, disponível em lojas especializadas e em catálogos, embora seja consideravelmente mais difícil de ser encontrado do que um saca-rolhas.

O recuperador de rolha consiste de peças de 25 centímetros, feitas com fios de metal rígido com ganchos nas pontas. Este dispositivo é bastante eficaz para remover pedaços flutuantes de cortiça em uma garrafa. Já conseguimos remover uma rolha inteira do pescoço de uma garrafa com o recuperador de rolha (temendo que o pescoço da garrafa fosse explodir quando tentamos forçar a rolha *e* o recuperador pelo diâmetro diminuído). Outra alternativa é pegar o(s) pedaço(s) de cortiça com uma colher depois de servir o vinho na taça.

Um caso especial: abrindo Champagne e vinho espumante

Abrir uma garrafa de vinho espumante é, geralmente, um momento excitante. Porém, é preciso usar uma técnica completamente diferente da usada para abrir uma garrafa comum de vinho. Até a rolha é diferente. As rolhas dos vinhos espumantes têm uma cabeça em forma de cogumelo, que fica para fora da garrafa, bem como uma proteção metálica, que segura a rolha no lugar para segurar a pressão de dentro da garrafa.

CUIDADO!

Nunca use um saca-rolhas para abrir uma garrafa de vinho espumante.

Esqueça aquilo que fazem nos vestiários

CUIDADO!

Se sua garrafa de espumante passou por uma viagem, deixe-a descansando por um tempo, de preferência durante um dia. É difícil controlar a rolha quando a carbonação aumentou. Você não abriria uma garrafa de refrigerante quente, que tivesse sido chacoalhada, não é mesmo? Os vinhos espumantes tem muito mais pressão do que os refrigerantes e precisam de mais tempo para que a pressão diminua.

Se quiser parar a carbonação, deixe a garrafa submersa em um balde de gelo por 30 minutos (encha o balde com metade de cubos de gelo e metade de água gelada).

Em qualquer caso, tome cuidado ao remover a proteção metálica e mantenha uma mão na parte de cima da rolha, por precaução. Já tivemos o teto de nossa cozinha furado depois de uma aventura com uma rolha voadora. Certifique-se de apontar a garrafa para longe das pessoas e objetos frágeis.

Um suspiro é melhor que um estouro

Remover a rolha de um vinho espumante apenas com um leve suspiro, e não com um sonoro estouro, é bem fácil. Simplesmente segure a garrafa em um ângulo de 45 graus, envolta em uma toalha, caso esteja molhada. Tente apoiar a base da garrafa no seu quadril. Gire a garrafa enquanto segura a rolha, para que você possa controlá-la, conforme ela sobe. Quando sentir que a rolha está começando a sair da garrafa, *faça força para baixo na rolha*, como se não quisesse deixá-la sair da garrafa. Desta forma, a rolha sairá lentamente com um assobio, ou um suspiro, no lugar de um estouro.

Se a rolha do espumante não quiser sair, você pode comprar uma ferramenta bonita, que se coloca ao redor da parte da rolha que fica do lado de fora da garrafa, ou você pode tentar usar alicates comuns.

O Vinho Respira Mesmo?

A maioria dos vinhos está viva, no sentido de que muda quimicamente conforme envelhece. Ele absorve oxigênio e, assim como acontece com nossas células, oxida. Quando as uvas se transformam em vinho, elas liberam dióxido de carbono, assim como nós. Portanto, supomos que seria possível dizer que, de certa forma, o vinho respira.

O termo *respiração* refere-se ao processo de airar o vinho, expondo-o ao ar. Às vezes, o aroma e o sabor de um vinho muito jovem ficam melhores com a aeração. Porém, apenas tirar a rolha da garrafa e deixar a garrafa parada é uma maneira realmente ineficaz de airar o vinho. O espaço que há no pescoço da garrafa é pequeno demais para permitir que seu vinho respire o suficiente.

Como airar seu vinho

Se você realmente quer airar seu vinho, faça um ou os dois procedimentos a seguir:

- Despeje o vinho em um *decanter* (um recipiente de vidro grande o suficiente para abrigar o conteúdo de uma garrafa de vinho).
- Despeje o vinho em taças grandes pelo menos dez minutos antes de bebê-lo.

Quais vinhos precisam ser airados?

Muitos vinhos tintos, mas apenas alguns brancos — e alguns vinhos de sobremesa — podem se beneficiar da aeração. É possível beber a maioria dos vinhos brancos na hora em que são servidos.

Vinhos tintos jovens e tânicos

DICA

Vinhos tintos jovens e tânicos — como Cabernet Sauvignons, Bordeaux, muitos vinhos do norte do Vale do Rhône, e muitos vinhos italianos — têm um sabor melhor se forem airados, pois os taninos são suavizados e o vinho torna-se menos áspero. Como regra geral, uma hora de aeração suaviza os vinhos jovens mais tânicos. Uma exceção clara à essa regra seriam os Barolos e Barbarescos (vinhos tintos de Piemonte que podem beneficiar-se de três ou quatro horas de aeração).

Vinhos tintos mais antigos, com sedimentação

Muitos vinhos tintos desenvolvem *sedimento* (tanino ou outro material que se solidifica com o tempo) geralmente após oito anos de idade. Deve-se remover o sedimento, pois ele pode ser um pouco amargo.

Para remover o sedimento, deixe a garrafa em pé durante um ou dois dias antes de abri-la para que o sedimento fique no fundo da garrafa. Em seguida, decante o vinho cuidadosamente: despeje o vinho lentamente em um decanter, enquanto observa o vinho dentro da garrafa conforme ele chega ao pescoço. É preciso observar o vinho para que possa parar de despejar quando vir que o vinho turvo do fundo da garrafa está indo para o pescoço. Se parar de despejar no momento certo, todo o vinho turvo ficará na garrafa.

DICA

Para ver o vinho dentro da garrafa conforme despeja, você precisa de uma luz forte batendo no pescoço da garrafa. Geralmente, usam-se velas, e elas são românticas, mas uma lanterna funciona ainda melhor. Ou, simplesmente, segure a garrafa contra uma luz forte e despeje lentamente. Pare de despejar o vinho no decanter quando chegar ao sedimento do fundo da garrafa.

CUIDADO!

Quanto mais antigo o vinho, mais delicado ele pode ser. Não aire excessivamente vinhos antigos, com aparência frágil. Observe a cor do vinho através da garrafa antes de decantar: se estiver pálido, o vinho pode estar no final de sua curva de maturação. Os sabores de vinhos muito antigos começarão a desaparecer rapidamente após 10 ou 15 minutos de exposição ao ar.

Se o vinho precisar de aeração após a decantação (isto é, se ainda estiver um pouco áspero), deixe que ele respire no decanter aberto. Se o vinho estiver com uma cor escura, provavelmente, ele ainda é jovem demais e precisa respirar mais. De modo oposto, se o vinho tem uma cor de tijolo, ou um tom alaranjado pálido, ele provavelmente é maduro e não precisa de muita aeração.

Alguns vinhos brancos

Alguns vinhos brancos secos muito bons — como os Borgonha brancos muito encorpados e vinhos Bordeaux brancos, assim como os melhores brancos da alsácia, também ficam melhores com a aeração. Por exemplo: se você abrir um jovem Corton-Charlemagne (um ótimo branco da Borgonha), e ele não demonstrar muito aroma e sabor, provavelmente, precisa de aeração. Decante-o e prove novamente depois de meia hora. Na maioria dos casos, o vinho melhora drasticamente.

Portos Safrados

Um dos vinhos fortificados mais famosos é o Porto Safrado (chamado, apropriadamente, de “Porto”). Os Portos jovens são tão altamente tânicos, que precisam de muitas horas de aeração (oito horas não seriam demais). Até mesmo os Portos antigos melhoram com quatro horas ou mais de aeração. Os Portos de Safra mais antigos exigem decantação por um motivo: eles ficam cheios de sedimento. Geralmente, grandes flocos de sedimento preenchem 10% do fundo da garrafa. Deixe o Porto de Safra em pé por alguns dias antes de abri-lo.

Exceções à regra "decante seus vinhos tintos e Portos"

As exceções provam a regra. A maioria dos vinhos tintos que você bebe não precisa de decantação, aeração ou qualquer preparo especial além de tirar a rolha e servi-lo em uma taça.

DICA

Os seguintes vinhos tintos *não* precisam de decantação:

- Vinhos tintos leves e encorpados, pouco tânicos, como Pinot Noirs, Borgonhas, Beaujolais e Côtes du Rhônes; Zinfaldels tintos mais leves; e tintos italianos mais suaves, como Dolcettos, Barberas e Chiantis mais leves.
  Estes vinhos não têm muito tanino e, portanto, não precisam de muita aeração;
- Vinhos tintos baratos. Pelo mesmo motivo que os anteriores.
- Portos Tawny — na verdade, quaisquer outros Portos, com exceção dos Portos Safrados. Estes vinhos não devem ter sedimentos (que ficaram para trás, nos barris aonde o vinho envelheceu) e estão prontos para beber quando são servidos.

A Taça Realmente Importa?

Se você está bebendo vinho apenas como um refresco para sua refeição e não está realmente apreciando o vinho, provavelmente, a taça que está usando não importa muito. Porém, se você tiver um bom vinho ou uma ocasião especial, as *taças* são a melhor opção. E não se trata apenas de uma questão de etiqueta ou status: um bom vinho fica melhor em boas taças. É verdade. É possível apreciar muito mais as complexidades do aroma e do sabor do vinho em uma boa taça. O meio é a mensagem. Ah! E as boas taças de vinho são sempre transparentes, para que se possa ver exatamente as tonalidades dos vinhos.

Finas, mas não minúsculas

Acredite se quiser, o sabor de um vinho muda quando você o bebe em diferentes tipos de taça. Aprendemos que três aspectos de uma taça são importantes: tamanho, formato e a espessura do vidro.

Tamanho

Para tintos secos e brancos, as taças pequenas não servem — além disso, elas são muito chatas. Simplesmente não é possível girar o vinho nestas taças sem derramar, o que torna a apreciação do aroma praticamente impossível. As taças pequenas podem ser adequadas apenas para Jerez e vinhos de sobremesa que, para começar, têm aromas fortes e, geralmente, são consumidos em quantidades menores do que os vinhos de mesa. Na maioria dos casos, maior é, em geral, melhor.

DICA

Combinar o tamanho da taça com o tipo de vinho funciona assim:

- As taças para vinho tinto devem ter capacidade mínima de 350 ml; muitas das melhores taças têm capacidade variando entre 450 e 680 ml, ou mais.
- Para os vinhos brancos, 285 a 340 ml deve ser a capacidade mínima.
- Para vinhos espumantes, uma capacidade de 230 a 340 ml é suficiente.

Formato

O formato do bojo também é importante. Algumas taças de vinho têm bojos bastante arredondados, enquanto outras têm bojos mais alongados, um pouco mais estreitos. Geralmente, quando jantamos em casa, provamos nosso vinho em taças de formatos diferentes, só para ver qual taça funciona melhor com qual vinho. Falaremos sobre as funções de diversas taças de vinho no próximo tópico.

Tulipas, flautas, trompetes e outros nomes pitorescos de taças de vinho

Você achou que uma tulipa fosse uma flor, e que uma flauta fosse um instrumento musical? Bem, elas também são tipos de taças projetadas para uso com vinhos espumantes. A tulipa é a taça com formato ideal para Champagne e outros espumantes (veja a Figura 8-4). Ela é alta, alongada e mais estreita na borda do que no meio do bojo. Este formato ajuda a manter as bolhas por mais tempo no vinho, impedindo que elas escapem (como acontece com algumas taças de boca larga, em forma de casquinha de sorvete que se dizem taças para Champagne).

A flauta é outro bom tipo de taça para espumantes (veja a Figura 8-4); porém, ela é menos ideal que a tulipa, pois não afunila na borda. A taça trompete, na verdade, abre na borda, tornando-a menos apta para espumantes, porém, continua sendo elegante (veja a Figura 8-4). Outra desvantagem da taça trompete é que, dependendo do desenho, o vinho pode preencher toda a haste, significando que o vinho esquentará com o calor de sua mão ao segurar a taça. É melhor evitar a taça trompete.

Um bojo em formato oval, estreito na boca (veja a Figura 8-5) é ideal para muitos vinhos tintos, como Bordeaux, Cabernet Sauvignons, Merlots, Chiantis e Zinfandels. Por outro lado, alguns vinhos tintos, como os Borgonha, Pinot Noirs e Barolos, são melhor apreciados em taças com bojo mais amplo, em formato de maçã (veja a Figura 8-5). Qual formato e tamanho funciona melhor para cada vinho tem a ver com questões como, por exemplo, a maneira como o formato da taça controla o fluxo de vinho em sua língua. Um fabricante de taças, Riedel Crystal, criou uma taça específica para cada tipo imaginável de vinho!

Figura 8-4: Taças para vinho espumante (a partir da esquerda): tulipa, flauta e trompete.

Meio-cheio ou meio-vazio?

Na verdade, o ideal é encher até um terço da taça. Assim, você pode girar seu vinho, cheirá-lo e inclinar a taça sem correr riscos. Mas, no caso do vinho branco, encha as taças até a metade.

Figura 8-5: Taça Bordeaux (esquerda) e taça Borgonha.

Nem Quente Demais, Nem Frio Demais

Assim como a taça correta melhora sua experiência com o vinho, servi-lo na temperatura ideal é um fator vital em sua apreciação. Com frequência, provamos o mesmo vinho em temperaturas diferentes e amamos o vinho em uma ocasião, mas não gostamos em outra!

A maioria dos vinhos tintos fica melhor em temperatura ambiente fresca, entre 16 °C e 18 °C. Antigamente, nos castelos ingleses e escoceses, onde ventava muito, esta era apenas a temperatura ambiente. Na verdade, provavelmente, tratava-se da temperatura ambiente mais quente, próximo ao meio-dia! Atualmente, quando ouve-se falar em temperatura ambiente, você pensa em um ambiente a 21 °C, não é mesmo? O vinho tinto servido a esta temperatura pode ser insipido, sem vida e, geralmente, quente demais — você tem uma sensação de queimação do álcool.

Quanto maior a qualidade de um vinho branco, menos gelado ele deve ser, para que você possa apreciar seu sabor de maneira adequada. A Tabela 8-1 indica nossas temperaturas recomendadas de serviço para vários tipos de vinho.

Tabela 8-1 Temperaturas de Serviço dos Vinhos

Tipo de vinho	*Temperatura*
Maioria dos Champagnes e espumantes	7 °C
Champagnes envelhecidos, ou caros, complexos	11 °C - 12 °C
Vinhos doces baratos	10 °C - 12,8 °C
Vinhos rosé e blush	10 °C - 12,8 °C
Vinhos brancos simples, baratos	10 °C - 12,8 °C
Jerez seco, como fino ou manzanilla	12 °C - 13 °C
Vinhos brancos secos, finos	14 °C - 16,5 °C
Vinhos de sobremesa mais finos, como bons Sauternes	14 °C - 16,5 °C
Vinhos tintos leves, frutados	14 °C - 14,5 °C
Maioria dos vinhos tintos	16 °C - 18 °C
Jerez que não seja fino ou manzanilla	16 °C - 18 °C
Porto	16 °C - 18 °C

Como Guardar o Vinho Que Sobrou

Três métodos eficientes de armazenar, em sua casa, o vinho que sobrou:

- Utilize uma bomba barata, em miniatura, chamada de Vac-U-Vin, encontrada na maioria das lojas de vinhos. Essa bomba remove o oxigênio da garrafa e as rolhas de borracha que vêm com ela evitam que mais oxigênio entre na garrafa. Ela deverá manter seu vinho fresco por até uma semana, mas nem sempre funciona tão bem.
- Compre latas pequenas de gás inerte em lojas de vinho. Bombeie um pouco de gás na garrafa através de um canudo fino, que vem com a lata, e coloque a rolha de volta na garrafa. O gás desloca o oxigênio na garrafa, protegendo o vinho da oxidação. Simples e eficaz.
- Um novo dispositivo, chamado WineSavor, é um disco de plástico flexível, que você enrola e insere no pescoço da garrafa. Uma vez dentro da garrafa, o disco abre e flutua em cima do vinho, impedindo que o oxigênio chegue nele.

Ou, para evitar todo este incômodo, beba o vinho! Mas se você não for muito exigente, coloque o vinho que sobrou na geladeira e beba no dia seguinte.

Entretendo com Vinho

Quando você oferece um banquete, provavelmente serve mais vinhos do que serviria em um jantar comum. Além de harmonizar com a comida, tenha em mente as instruções clássicas:

- Vinho branco antes de vinho tinto.
- Vinho leve antes de vinho pesado.
- Vinho seco antes de vinho doce.
- Vinho simples antes de vinho complexo, rico em sabores.

Parte III

O "Velho Mundo" do Vinho

A 5ª onda por Rich Tennant

"Bem, sou experiente o bastante em vinhos para saber que, se o navio estivesse afundando, muitas garrafas deste Bordeaux iriam para o bote salva-vidas antes de você."

Nesta parte...

Ficamos lisonjeados com o fato de você ter chegado até este ponto, mesmo cogitando que você tenha pulado uma coisa ou outra. De todo modo, o bom do livro começa bem aqui.

Os três capítulos desta parte contêm informações sobre as regiões vinícolas originais do mundo — as regiões da França, Itália, Espanha e outros países europeus. Explicaremos quais são as cepas de uvas clássicas de cada região e descreveremos os vinhos, além de citar algumas das principais marcas.

Capítulo 9

Percorrendo a França

Neste Capítulo

- Aprendendo por que os vinhos Bordeaux são lendários
- Entendendo a questão da raridade na Borgonha
- Conhecendo os diversos vinhos franceses

Quando pensamos na França, pensamos em vinho. Bordeaux, Borgonha, Beaujolais, Chablis, Champagne e Sauternes não são apenas vinhos famosos, são também lugares da França. É na França que o consumo per capita de vinho é o mais elevado do mundo. Por isso, os franceses determinaram o padrão para o resto do mundo.

O Modelo Francês

A França é o lar de quase todas as castas renomadas do mundo. Por isso, é lá que se estabelecem os padrões de consumo de vinhos. A maior parte dos produtores de vinho, agora, faz suas próprias versões de Cabernet Sauvignon, Chardonnay, Merlot, Pinot Noir, e assim por diante, graças ao sucesso dessas uvas na França.

Entendendo a lei francesa para os vinhos

O sistema francês para definir e regulamentar as regiões viníferas — o sistema *Appellation d'Origine Controlée*, ou *AOC* (traduzido por *nome de lugar regulamentado* ou *nome de origem regulamentado*), estabelecido em 1935 — é o modelo legislativo para a maioria dos países europeus. O modelo para as leis sobre os vinhos da União Europeia (UE), dentro do qual o sistema AOC opera, também é baseado no sistema francês.

Para entender os vinhos e as leis francesas, é preciso saber que a maioria dos vinhos franceses recebe nomes dos locais registrados e definidos pelas normas francesas para os vinhos. O sistema francês de vinhos é hierárquico e, em geral, quanto menor e mais específico é um lugar que dá nome a um vinho, mais elevado é seu posto;

Há quatro classificações possíveis para o vinho francês, sempre visíveis em alguma parte do rótulo:

- **Appellation Controlée,** ou AOC (ou AC), é a maior classificação.
- **Vin Délimité de Qualité Superiéure,** ou vinho VDQS (traduzido como *vinho delimitado de qualidade superior*). É uma categoria pequena;
- **Vin de pays,** significando *vinho do país*. A classificação vem seguida pelo nome do lugar onde as uvas foram cultivadas, como em *Vin de pays l'Hérault*;
- **Vin de table,** vinho de mesa francês comum, sem indicação geográfica a não ser "França". Pela lei, estes vinhos não podem indicar uma variedade ou safra de uva.

Eis como estas quatro categorias de vinhos franceses se encaixam no sistema duplo da União Europeia descrito no Capítulo 4:

- Todos os vinhos AOC e VDQS fazem parte da classificação mais elevada da UE, a QWPSR (Quality Wine Produced in a Specific Region, ou simplesmente, *vinho de qualidade*);
- Todos os *vins de pays* e *vins de table* fazem parte da classificação inferior da UE, vinhos de mesa.

Regiões Viníferas da França

A França tem cinco regiões viníferas extremamente importantes pela qualidade e reconhecimento de seus vinhos, entre outras regiões que produzem vinhos interessantes, que valem a pena conhecer. A Tabela 9-1 fornece uma referência rápida das uvas e vinhos destas cinco regiões. As últimas seções deste capítulo descreverão as regiões e seus vinhos.

Tabela 9-1 Principais Regiões Viníferas da França e Seus Vinhos

Região	Vinhos Brancos	Variedades de Uva
Bordeaux		
Bordeaux		Cabernet Sauvignon, Merlot, Cabernet Franc, Petite Verdot, Malbec*
	Bordeaux Blanc	Sauvignon Blanc, Sémillon, Muscadelle*
Borgonha		
Borgonha		Pinot Noir
	Borgonha Branco	Chardonnay
Beaujolais		Gamay
	Chablis	Chardonnay
Rhône		
Hermitage		Syrah
Côte-Rôtie		Syrah, Viognier*
Châteauneuf-du-Pape		Grenache, Mourvèdre, Syrah (e muitas outras)*
Côtes du Rhône		Grenache, Mourvèdre, Carignan, Syrah (e muitas outras)*
	Condrieu	Viognier
	Sancerre; Pouilly-Fumé	Sauvignon Blanc
	Vouvray	Chenin Blanc
Loire		
	Muscadet	Melon de Bourgogne, mais conhecida como Muscadet
Alsácia		
	Riesling	Riesling

(continua)

Tabela 9-1 Principais Regiões Viníferas da França e Seus Vinhos (continuação)

Região	Vinhos Brancos	Variedades de Uva
	Gewurzstraminer	Gewurzstraminer
	(Tokay)-Pinot Gris	Pinot Gris
	Pinot Blanc	Pinot Blanc

*Vinhos de corte com diversas castas de uva.

Duas outras importantes regiões viníferas francesas são Provença e Languedoc-Roussillon, ambas no sul do país. Os distritos do sudoeste francês, como Cahors, produzem bons vinhos e, em alguns casos, vinhos excelentes.

Bordeaux: O Incomparável

É preciso conhecer Bordeaux para conhecer os vinhos franceses. Bordeaux é uma região vinífera do oeste da França, que recebe o nome da quarta maior cidade da França (veja a Figura 9-1). Ela produz 26% de todo vinho AOC. Aproximadamente 83% dos vinhos Bordeaux são tintos secos; 15% da produção da região são brancos secos e 2% são vinhos brancos doces, como Sauternes. Ela tem um clima marítimo, com verões quentes e invernos amenos que traz chuva geralmente durante a época de colheita. O clima varia de ano para ano e a característica e a qualidade das safras, portanto, também varia; quando tudo dá certo, como foi em 1996, 2000 e 2005, os vinhos podem ser ótimos. O preço deste vinho pode muito bem chegar a mais de 500 dólares uma garrafa de Château Pétrus — um dos vinhos tintos mais caros de Bordeaux. Safras antigas do Pétrus podem ser ainda mais caras!

Figura 9-1: Regiões viníferas da França.

As sub-regiões do Bordeaux tinto

Existem duas áreas distintas de produção de vinho tinto na região de Bordeaux; estas duas áreas passaram a ser chamadas de Margem Esquerda e Margem Direita — assim como em Paris. Como muitos dos tintos Bordeaux mais baratos são cortes de uvas cultivadas em toda a região de Bordeaux — e, portanto, levam a designação AOC da região, Bordeaux — os melhores vinhos vêm de *distritos* ou *comunas* AOC específicas, localizadas na Margem Esquerda ou Direita.

Os vinhedos da Margem Esquerda ficam a oeste do Rio Garonne (o mais ao sul dos dois rios ilustrados no quadro de Bordeaux na Figura 9-1) e o Estuário Gironde, onde deságua o Garonne. Os vinhedos da Margem Direita ficam a leste e ao norte do Rio Dordogne (o mais ao norte dos dois rios ilustrados no quadro), e a leste do Estuário Gironde. As terras que ficam entre os dois rios são mais importantes para vinhos brancos do que para tintos.

Dentre os vários distritos da Margem Esquerda e da Margem Direita, quatro (dois em cada margem) são os mais importantes:

- Margem Esquerda (a área oeste): Haut-Médoc, Pessac-Léognan
- Margem Direita (a área leste): St-Emilion, Pomerol

Os vinhos Bordeaux das Margens Esquerda e Direita são, portanto, notadamente diferentes. Porém, os vinhos de Haut-Médoc e Pessac-Léognan são bastante similares; da mesma maneira, pode ser difícil dizer qual é a diferença entre os vinhos de Pomerol e St-Emilion (na Margem Direita). A Margem Esquerda, mais estabelecida, geralmente produz vinhos austeros, tânicos, com um sabor mais pronunciado de frutas silvestres. Os vinhos da Margem Esquerda, geralmente, precisam de muitos anos para se desenvolver e envelhecerão por muito tempo, geralmente décadas — o que é típico do vinho baseado em Cabernet Sauvignon.

O mosaico Médoc

Historicamente, Haut-Médoc sempre foi o distrito mais importante de Bordeaux e merece atenção especial. Haut-Médoc é, na verdade, parte da península de Médoc. O nome *Médoc* tem dois significados: ele se refere a toda área oeste do grande Estuário Gironde (veja a Figura 9-1), e também é o nome do distrito mais ao norte da Margem Esquerda. Em outras palavras (na mesma palavra, na verdade), Médoc é frequentemente utilizado como um termo abrangente para os distritos combinados de Médoc e Haut-Médoc (os dois distritos que ocupam a península de Médoc).

Dos dois distritos, Haut-Médoc, ao sul, é muito mais importante para o vinho. Haut-Médoc encerra quatro comunas de vinho famosas: St. Estèphe (pronuncia-se *sant estéfe*), Pauillac (pronuncia-se *poiac*), St. Julien (pronuncia-se *san julian*) e Margaux (pronuncia-se *margô*). A Tabela 9-2 fornece uma descrição geral de cada uma das comunas de vinhos.

Tabela 9-2 As Quatro Principais Comunas de Haut-Médoc

Comuna	*Características do Vinho*
St. Estèphe	Firme, tânico, terroso, corpulento e lento na maturação; vinho típico — Château Montrose
Pauillac	Rico, poderoso, firme e tânico, com aromas e sabores de frutas silvestres e cedro; muito longevo; lar dos três vinhos mais famosos de Bordeaux — Lafite-Rothschild, Mouton-Rothschild e Latour
St. Julien	Rico, saboroso, elegante e fino, com buquê que lembra cedro; vinho típico — Château Ducru-Beaucaillou
Margaux	Fragrante, maleável, harmônico, com aromas e sabores complexos; vinho típico — Château Palmer

LEMBRE-SE

Os nomes destes distritos e comunas fazem parte do nome oficial dos vinhos feitos lá e aparecem no rótulo.

Informações privilegiadas

ALERTA ESNOBE

Existe uma lista, conhecida como a classificação de 1855. Até hoje, estes *cultivos restritos* têm prestígio entre os amantes de vinho. Os comerciantes de vinho de Bordeaux também classificaram Sauternes, o grande vinho de sobremesa Bordelais. A lista a seguir mostra as cinco categorias e os nomes dos primeiros cultivos:

- **Premiers Crus (Primeiros Cultivos) (5 chateaux)**

  Château Lafite-Rothschild; Château Latour; Château Margaux; Château Haut-Brion; Château Mouton-Rothschild (promovido de Segunda Rotação em 1973)
- **Seconds Crus (Segundos Cultivos) (14 chateaux)**
- **Troisièmes Crus (Terceiros Cultivos) (14 chateaux)**
- **Quatrièmes Crus (Quartos Cultivos) (10 chateaux)**
- **Cinquièmes Crus (Quintos Cultivos) (18 chateaux)**

Só para confundir ainda mais as coisas: embora a classificação de 1855 tenha ignorado completamente os vinhos de St. Emilion, a comissão AOC classificou estes vinhos um século mais tarde, em 1955. Os vinhos fazem parte de três categorias de qualidade, que são indicadas nos rótulos:

- Atualmente, 13 chateaux têm a posição mais alta, *Premier Grand Cru Classé*. Dois destes 13, Château Ausone e Château Cheval Blanc, estão em seu pedestal como "Categoria A"; os outros 11 são vinhos "Categoria B", *Premier Grand Cru Classé*.
- Uma categoria intermediária, *Grand Cru Classé*, tem 55 chateaux.
- A terceira categoria, simplesmente *Grand Cru*, tem mais de 200 propriedades.

Bordeaux para experimentar quando se sentir radiante

Se você tem curiosidade de provar um Bordeaux tinto de prestígio, deixe que esta lista o guie.

Vinhos Médoc

Château Léoville-Las-Cases
Château Léoville-Barton
Château Rauzan-Ségla
Château Palmer
Château Cos D'Estournel
Château Léoville-Poyferré
Château Pontet-Canet
Château Haut-Batailley
Château Duhart-Milon-Rothschild
Château Clerc-Milon
Château Gruaud-Larose
Château Pichon-Lalande
Château Lagrange
Château Pichon-Baron
Château d'Armailhac
Château Prieuré-Lichine
Château Malescot-St. Exupéry
Château Calon-Ségur
Château Lynch-Bages
Château Montrose
Château Ducru-Beaucaillou
Château Grand-Puy-Lacoste
Château La Lagune
Château Branaire-Ducru
Château Batailley
Château Talbot

Vinhos Pessac-Léognan:

Château La Mission-Haut-Brion
Château Pape-Clément
Château La Tour-Haut-Brion
Château Haut-Bailly
Domaine de Chevalier
Château Smith-Haut-Lafitte
Château de Fieuzal
Château La Louvière

Vinhos Pomerol:

Château Pétrus*
Château Lafleur*
Château Latour à Pomerol
Château Certan de May
Château Lafleur-Pétrus
Château Trotanoy
Château Clinet
Vieux-Château-Certan
Château Gazin
Château L'Evangile
Château La Fleur de Gay
Château La Conseillante
Château l'Eglise Clinet

* Muito caro

Vinhos St. Emilion

Château Cheval Blanc
Château Ausone
Château Figeac
Château Pavie-Macquin
Château La Dominique
Château Grand Mayne
Château Troplong Mondot
Château Magdelaine
Château Canon-La-Gaffelière
Château L'Arrosée
Château Clos Fourtet

A parte de valor do espectro de Bordeaux

Como você deve ter suspeitado, as melhores compras em termos de vinhos Bordeaux não são os ilustres cultivos restritos. Para valores realmente bons (e vinhos que se pode beber após alguns anos da safra), procure vinhos Bordeaux que não foram incluídos na classificação de 1855.

Cru Bourgeois: A Classe Média de Médoc

Em 1932, um grupo de produtores de Médoc cujos vinhos não eram reconhecidos como *Grand Crus Classés* na Classificação Bordeaux de 1855, receberam sua própria classificação reconhecida legalmente: *Cru Bourgeois*. Alguns deles são tão bons quando os vinhos dos cultivos restritos de qualidade inferior. Em 2005, a Câmara de Comércio de Bordeaux reclassificou os vinhos *Cru Bourgeois*. Os nove vinhos *Cru Bourgeois* são os seguintes:

Château Chasse-Spleen
Château Poujeaux
Château Haut-Marbuzet
Château Labegorce-Zédé
Château Siran
Château Phélan-Ségur
Château Les Ormes-de-Pez
Château de Pez
Château Potensac

O Château Gloria, de St. Julien, um vinho geralmente comparado aos *Grand Crus Classé* em qualidade, recusou-se a se inscrever para ser um vinho *Cru Bourgeois*, mas os críticos normalmente concordam que ele seria um *Cru Bourgeois Exceptionnel*. Além dos vinhos acima, recomendamos os seguintes Cru Bourgeois:

Château Monbrison
Château d'Angludet
Château Coufran
Château Haut-Beauséjour
Château Fourcas-Hosten
Château Bel Air
Château Meyney
Château Sociando Mallet
Château Lanessan
Château Loudenne
Château Monbousquet
Château Greysac

O mês de janeiro de 2006 presenciou o ressurgimento de outra categoria, *Cru Artisans du Médoc*, que havia sido criada no século XIX. As propriedades Cru Artisan estão um patamar abaixo dos vinhos Cru Bourgeois; 44 chateaux de Médoc têm status Cru Artisan. Os preços dos Bordeaux Cru Artisan variam de 9 a 18 dólares.

Fronsac e Canon-Fronsac

Ao deixar a península de Médoc e a cidade de Bordeaux para atravessar o Rio Dordogne, na direção da região da Margem Direita, os primeiros distritos viníferos que você encontrará a esquerda são Fronsac e Canon-Fronsac. Dentre as menores denominações de Bordeaux, Canon-Fronsac e Fronsac têm a melhor reputação de qualidade, e têm preços equivalentes, que variam de 20 a 30 dólares. Assim como St. Emilion e Pomerol, Fronsac e Canon-Fronsac produzem apenas vinhos tintos, e a variedade de uva predominante é a Merlot.

Petits Chateaux:

BARGANHA

Petits Chateaux é o termo geral, global para a enorme categoria de vinhos com preços razoáveis de toda a região de Bordeaux que nunca foram classificados. O termo é, de certa forma, errôneo, pois sugere que os vinhos venham de um château ou vinhedo específico; na verdade, muitos *petits chateaux* vêm de propriedades específicas, mas não todos. Dez denominações de *petit château* tinto, todas da Margem Direita, merecem ser mencionadas:

Côtes de Bourg
Premières Côtes de Blaye
Côtes de Castillon
Côtes de Francs
Lalande de Pomerol
Puisseguin-St. Emilion
Lussac-St. Emilion
Montagnes-St. Emilion
St. Georges-St. Emilion
Premières Côtes de Bordeaux

BARGANHA

Recomendamos, especialmente, os vinhos de Côtes de Bourg, Première Côtes de Blaye e Lalande de Pomerol como particularmente bons. Os vinhos das dez denominações variam, principalmente, de 12 a 22 dólares.

Todos estes vinhos são, primariamente, Merlot. Geralmente, são mais frutados, com taninos suaves e ficam prontos para o consumo mais rápido do que os vinhos denominados como Cabernet Sauvignon da Margem Esquerda.

Também existe Bordeaux branco

O vinho Bordeaux branco tem dois estilos: secos e doces. Os vinhos secos baratos devem ser apreciados ainda jovens, e os distintos vinhos envelhecidos estão entre os melhores vinhos brancos secos do mundo. Duas áreas da região de Bordeaux são importantes na produção de vinho branco:

- O grande distrito ao sul da cidade de Bordeaux é conhecido como Graves (veja o quadro de Bordeaux na Figura 9-1). O distrito de Graves e o distrito de Pessac-Léognan, nos arredores da cidade de Bordeaux, são o lar dos melhores vinhos brancos de Bordeaux, tanto secos quanto doces.
- Nas terras que ficam entre os Rios Garonne e Dordogne, a leste de Graves e Pessac-Léognan, um distrito chamado Entre-Deux-Mers (pronuncia-se *antre-dê-mér)* também é conhecido por seus vinhos Bordeaux brancos secos, meio-secos e suaves.

Os melhores Bordeaux brancos secos são firmes e vivos quando jovens, mas desenvolvem riqueza, complexidade e um buquê de mel com a idade. Em safras antigas, os melhores brancos precisam de, no mínimo, dez anos para se desenvolver e podem viver ainda muitos anos.

A Tabela 9-3 lista os principais vinhos brancos de Pessac-Léognan e Graves, em nossa ordem de preferência e suas misturas de uvas. Eles estão separados nos grupos A e B. No grupo A, temos uma classe de qualidade; com mais complexidade, e também, vinhos mais longevos do que outros Bordeaux brancos. Seus preços variam conforme a qualidade: de 80 a 300 dólares por garrafa, enquanto os vinhos do grupo B custam entre 30 e 70 dólares.

Tabela 9-3 Os 12 Melhores Bordeaux brancos secos

Vinho	*Variedades de Uva*
Grupo A	
Château Haut-Brion Blanc	Sémillon: 50 a 55%; Sauvignon Blanc: 45 a 50%
Château Laville-Haut-Brion	Sémillon: 60%; Sauvignon Blanc: 40%
Domaine de Chevalier	Sauvignon Blanc 70%; Sémillon: 30%
Château Pape-Clément	Sémillon: 45%; Muscadelle: 10%; Sauvignon Blanc: 45%
Grupo B	
Château de Fieuzal	Sauvignon Blanc: 50 a 60%; Sémillon: 40 a 50%
Château Smith-Haut-Lafitte	Sauvignon Blanc: 100%
Clos Floridene	Sémillon: 70%; Sauvignon Blanc: 30%
Château La Louvière	Sauvignon Blanc: 70%; Sémillon: 30%
Château La Tour-Martillac	Sémillon: 60%; Sauvignon Blanc: 30%; outras: 10%
Château Couhins-Lurton	Sauvignon Blanc 100%
Château Malartic-Lagravière	Sauvignon Blanc 100%
Château Carbonnieux	Sauvignon Blanc 65%; Sémillon: 35%

Borgonha: O Outro Grande Vinho Francês

A Borgonha, uma região vinífera do leste da França, a sudeste de Paris, fica praticamente empatada com Bordeaux como uma das maiores regiões da França na produção de vinhos secos não espumantes. Os poucos vinhedos grandes existentes na Borgonha têm diversos donos, com algumas famílias tendo apenas duas ou três fileiras de parreiras em um determinado vinhedo. Um vinhedo famoso da Borgonha, Clos de Vougeot, tem aproximadamente 82 donos! A produção típica dos fabricantes de vinho da Borgonha varia de 50 a 1000 caixas de vinho por ano, por tipo. Compare com Bordeaux, onde um dono de propriedade comum produz, anualmente, de 15 a 20 mil caixas de seu vinho principal.

Na Borgonha, o fabricante de vinho chama sua propriedade de *domaine*, certamente, um nome mais modesto que *château* e um reflexo adequado do tamanho de sua vinícola.

Chardonnay, Pinot Noir, Gamay

A Borgonha tem um clima *continental* (verões quentes e invernos frios) e está sujeita a chuvas de granizo localizadas, que danificam as uvas e causam o apodrecimento. O solo é composto, principalmente, de calcário e argila. O *terroir* da Borgonha é particularmente apto para as duas principais variedades de uva da região: Pinot Noir (para o Borgonha tinto) e Chardonnay (para o Borgonha branco). Na verdade, em nenhum outro lugar do mundo a uva Pinot Noir, que é muito instável e difícil, desenvolve-se melhor do que na Borgonha.

No distrito de Beaujolais, ao sul da Borgonha, o solo torna-se principalmente granítico, mas também rico em argila e areia, bastante adequado para a uva Gamay daquela área.

Distritos, distritos por toda parte

A Borgonha tem cinco distritos e todos eles produzem vinhos bastante distintos. Os distritos, de norte a sul, são os seguintes:

- Chablis (pronuncia-se *chablí*)
- Côte d'Or (pronuncia-se *côt dór*)
- Côte Chalonnaise (pronuncia-se *côt chalonéz*)
- Mâconnais (pronuncia-se *maconé*)
- Beaujolais (pronuncia-se *bojolé*)

Do regional ao sublime

Como os solos variam bastante na Borgonha, um vinhedo específico torna-se extremamente relevante para o sabor, qualidade e preço do vinho. Um vinho feito a partir de um vinhedo pequeno com suas características particulares é único, mais precioso e raro do que um vinho feito com uvas de diversos vinhedos ou um vinho de um local com menos sabores.

A estrutura AOC para os vinhos da Borgonha reconhece a importância do lugar. Enquanto existem AOCs que abrangem regiões, distritos e comunas — assim como em Bordeaux — *também existem nomes AOC que se referem a vinhedos individuais.* Na verdade, alguns destes vinhedos são reconhecidos como melhores do que outros: alguns são *premier cru*, significando o primeiro cultivo, enquanto os melhores são *grand cru*, que significa o melhor cultivo.

PAPO DE ESPECIALISTA

Os produtores de Bordeaux também usam os termos *premier cru* e *grand cru*. Em Bordeaux, no entanto, com exceção de St. Emilion, os termos representam status concedidos a uma vinícola por uma classificação fora da lei AOC (como quando um Primeiro Cultivo se chama de *Premier Grand Cru Classé* em seu rótulo, com base na Classificação de 1855). Na Borgonha, *premier cru* e *grand cru* são sempre distinções oficiais dentro da lei AOC. Seu significado é extremamente preciso.

A Tabela 9-4 traz exemplos de nomes AOC da Borgonha, listados em ordem crescente de especificidade.

Tabela 9-4 A Estrutura dos Nomes AOC da Borgonha

Especificidade do Local	*Exemplos*
Região	Bourgogne Rouge
Distrito	Beaujolais; Mâcon
Vilarejo ou Comuna	Pommard; Gevrey-Chambertin; Volnay
Premier cru*	Nuits-St. Georges Les Vaucrains; Baune Grèves; Vosne-Romanée Les Suchots
Grand cru*	Musigny; La Tâche; Montrachet

*Refere-se a vinhedos específicos

A disponibilidade e o preço de cada vinho varia das seguintes maneiras:

- As duas categorias mais amplas — nomes de lugares de regiões e distritos — somam 65% de todos os vinhos da Borgonha. Estes vinhos são vendidos por 11 a 25 dólares a garrafa — você *pode* comprar Borgonhas acessíveis neste nível.
- Vinhos comuna específica (também chamadas de *village*), como Pommard ou Gevrey-Chambertin, somam 23% da Borgonha e custam entre 25 e 55 dólares a garrafa. Cinquenta e três comunas da Borgonha têm status AOC.
- Premier crus, como Meursault Les Perrières ou Nuits-St. Georges Les Vaucrins, somam 11% dos vinhos da Borgonha; 561 vinhedos têm status premier cru. A maioria destes vinhos custa entre 35 e 90 dólares a garrafa — porém, alguns custam mais de 100 dólares.
- Os 31 grand crus, como Chambertin, representam apenas 1% dos vinhos da Borgonha. Os preços dos Borgonhas grand cru — tanto tintos quanto brancos — começam em 75 dólares e podem chegar a mais de 800 dólares a garrafa, como o Romanée-Conti, normalmente, o vinho tinto mais caro da Borgonha.

Se um vinho contém uvas de dois ou mais premier crus da mesma comuna, ele pode ser chamado de premier cru, mas não terá o nome de um vinhedo premier cru específico. O rótulo trará um nome de comuna e as palavras *premier cru.*

Côte d'Or: O coração da Borgonha

Côte d'Or, uma estreita faixa de terra de 65 quilômetros, é a região de onde vêm todos os famosos Borgonhas tintos e brancos. Esta área fabrica os Borgonhas tintos quase que de modo exclusivo, embora um magnífico Borgonha branco, o Musigny Blanc, e outros Borgonhas brancos existam em Côte de Nuits. As comunas viníferas a seguir, de norte a sul, fazem parte de Côte de Nuits; os nomes das comunas também são os nomes de seus vinhos:

- **Marsannay** (pronuncia-se *mar-sa-né*): conhecida por seus tintos e rosés leves.
- **Fixin** (pronuncia-se *fi san*): vinhos tintos fortes, terrosos, firmes.
- **Gevrey-Chambertin** (pronuncia-se *gevré chambertã*): vinhos tintos ricos e encorpados; nove grand crus, como Chambertin, Chambertin Clos de Bèze.
- **Morey-Saint Denis** (pronuncia-se *morri san dení*): vinhos tintos cheios, fortes; os grand crus são Bonnes Mares (parte), Clos de la Roche, Clos Saint-Denis, Clos de Tart, Clos de Lambrays.
- **Chambolle-Musigny** (pronuncia-se *chamból musinhí*): vinhos tintos maleáveis, elegantes; os grand crus incluem Musigny e Bonnes Mares (parte).
- **Vougeot** (pronuncia-se *vu jô*): vinhos tintos encorpados; o grand cru é o Clos de Vougeot.
- **Vosne-Romanée** (pronuncia-se *vón romanê*): vinhos tintos elegantes, ricos, aveludados; os seis grand crus são Romanée-Conti, la Tache, Richebourg, Romanée-Saint-Vivant, La Romaanée e La Grand Rue.
- **Flagey-Échézeaux** (pronuncia-se *flagê echezô*): Hamlet de Vosne-Romanée; os grand crus são Grands-Échézeaux e Échézeaux.

- **Nuits-Saint-Georges** (pronuncia-se *nuí san jorge*): vinhos tintos fortes terrosos; não existem grand crus; ótimos premier crus.

LEMBRE-SE

AOCs da Borgonha (Mais uma vez, com sentimento)

Os Borgonhas com AOCs regionais são fáceis de reconhecer — eles sempre começam com a palavra Bourgogne (pronuncia-se burgonhe). Na lista a seguir, leia os nomes AOC em cada coluna para perceber como eles mudam, tornando-se mais específicos de distrito a grand cru.

	Borgonha Tinto	Borgonha Branco
Região:	Bourgogne Rouge	Bourgogne Blanc
Distrito:	Beaujolais	Côte de Beaune (também tinto)
Comuna:	Chambolle-Musigny	Puligny-Montrachet
Premier cru:	Chambolle-Musigny Les Amoureuses	Puligny-Montrachet Les Pucelles
Grand cru:	Musigny	Montrachet

As Tabelas 9-5 e 9-6 listam os melhores produtores da Borgonha e seus ótimos vinhos, por ordem de qualidade.

Tabela 9-5 Os Melhores Produtores de Vinho Branco da Borgonha e Seus Melhores Vinhos

Produtor	*Vinhos Recomendados*
Domaine Ramonet*	Montrachet; Bâtard-Montrachet; Bienvenue-Bâtard-Montrachet; qualquer um de seus premier crus Chassagne-Montrachet

(continua)

Tabela 9-5 Os Melhores Produtores de Vinho Branco da Borgonha e Seus Melhores Vinhos (Continuação)

Produtor	*Vinhos Recomendados*
Coche-Dury*	Corton-Charlemagne; premier cru Meursault (qualquer um)
Domaine des Comtes Lafon	Premier crus Meursault (qualquer um); Le Montrachet
Domaine Leflaive	Chevalier-Montrachet; Bâtard-Montrachet; premier crus Puligny-Montrachet (qualquer um)
Domaine Étienne Sauzet	Bâtard-Montrachet; Bienvenue-Bâtard-Montrachet; Puligny-Montrachet Les Combettes
Louis Carillon	Bienvenue-Bâtard-Montrachet; premier crus Puligny-Montrachet (qualquer um)
Michel Niellon	Bâtard-Montrachet; Chevalier-Montrachet; Chassagne Montrachet Les Vergers
Verget	Bâtard-Montrachet; Chevalier-Montrachet; premier crus Meursault (qualquer um)
Guy Amiot	Premier crus Chassagne-Montrachet (qualquer um)
Louis Latour	Corton-Charlemagne; premier crus Puligny-Montrachet (qualquer um)
Colin-Delégér	Premier crus Chassagne-Montrachet (qualquer um); premier crus Puligny-Montrachet (qualquer um)
Jean-Noël Gagnard	Premier crus Chassagne-Montrachet (qualquer um)
Louis Jadot	Corton-Charlemagne; Chassagne-Montrachet Les Caillerets; Beaune Grèves; premier crus Puligny-Montrachet (qualquer um)
Domaine François Jobard	Premier crus Meursault (qualquer um)

Produtor	Vinhos Recomendados
Joseph Drouhin	Todos os grand cru e premier crus
Domaine Bernard Morey	Premier crus Chassagne-Montrachet (qualquer um)

*Estes vinhos são muito caros e raros.

Tabela 9-6 Melhores Produtores de Vinho Tinto da Borgonha e Seus Melhores Vinhos

Produtor	Vinhos Recomendados
Domaine Leroy*	Musigny, Richebourg, Chambertin (todos grand crus e premier crus de Leroy)
Domaine de la Romanée-Conti*	Romanée-Conti; La Tâche; Richebourg; Grands Echézeaux
Domaine Comte de Vogué	Musigny (Vieilles Vignes); Bonnes Mares
Anne Gros	Richebourg; Clos de Vougeot
Georges et Cristophe Roumier	Musigny; Bonnes Mares; Chambolle-Musigny Les Amoureuses
Ponsot	Clos de la Roche (Vieilles Vignes); Chambertin; Clos St-Denis (Vieilles Vignes); Griotte-Chambertin
Armand Rousseau	Chambertin (todos grand crus); Chevrey-Chambertin Clos St. Jacques
Méo-Camuzet	Premier crus Vosne-Romanée (qualquer um dos três); Clos de Vougeot; Richebourg; Corton
Hubert Lignier	Clos de la Roche; Charmes-Chambertin
Domaine Dujac	Clos de la Roche; Bonnes Mares

(continua)

Tabela 9-6 Melhores Produtores de Vinho Tinto da Borgonha e Seus Melhores Vinhos (Continuação)

Produtor	*Vinhos Recomendados*
Joseph Roty	Qualquer um de seus grand cru Chambertins
Joseph Drouhin	Todos os grand cru e premier crus
Jayer-Gilles	Échézeaux; Nuits-St. Georges Les Damodes
Louis Jadot	Especialmente Romanée-St. Vivant; Chambertin Clos de Beze; Musigny
Domaine Jean et J. L. Trapet	Grand cru, premier cru Chambertins
Domaine Jean Grivot	Échézeaux; premier crus Nuits-St. Georges
Michel Lafarge	Premier crus Volnay; Beaune Les Grèves
Domaine Robert Chevillon	Nuits-St. Georges Les St. Georges; Nuits-St. Georges Les Vaucrains
Domaine/Maison J. Faiveley	Premier crus Nuits-St. Georges e Mercurey
Jacques-Fréderick Mugnier	Musigny; Bonnes Mares
Domaine Bruno Clair	Premier crus Gevrey-Chambertin, Marsannay
Bouchard Pere & Fils	Todos grand cru e premier crus
Domaine Henri Gouges	Premier crus Nuit-St. Georges e Mercurey

*Estes vinhos são muito caros.

Côte Chalonnaise: Borgonhas em oferta

O fato triste sobre a Borgonha é que grande parte de seus vinhos custa caro. Mas um dos segredos mais bem guardados da Borgonha é a Côte Chalonnaise (o distrito que fica logo ao sul de Côte d'Or). Cinco vilarejos desta região são o lar de alguns Borgonhas bastante bons. Os vinhos Borgonha de Côte Chalonnaise não são tão bons quanto os de Côte d'Or (são um pouco mais terrosos e rústicos em sabor e em textura), mas ainda podem ser vinhos satisfatórios — e estamos falando de preços de 20 a 35 dólares por garrafa. Quatro vilarejos, ou comunas, cujos nomes aparecem como denominações nos rótulos dos vinhos são os seguintes:

- **Mercurey** (pronuncia-se *mercurí*): predominância de vinhos tintos e uma pequena quantidade de brancos; os melhores vinhos de Chalonnaise vêm de lá, e também os mais caros (de 24 a 35 dólares); três dos melhores produtores de Mercurey são Aubert de Villaine, J. Faiveley e Antonin Rodet.
- **Rully** (pronuncia-se *ruí*): aproximadamente quantidades iguais de vinho tinto e branco; os brancos, embora um pouco terrosos, são significativamente melhores do que os tintos; procure os vinhos do produtor Antonin Rodet.
- **Givry** (pronuncia-se *gi-vri*): predominância de vinhos tintos e uma pequena quantidade de brancos; os tintos são melhores que os brancos (mas bastante terrosos); vale a pena procurar o Givry de Domaine Joblot.
- **Montagny** (pronuncia-se *montanhí*): todos vinhos brancos; procure por Antonin Rodet e Louis Latour.

Chablis: Vinhos brancos únicos

O vilarejo de Chablis, a duas horas de Paris, faz seu vinho com 100% Chardonnay. Seu estilo diferenciado consiste no envelhecimento em tanques de aço inoxidável, pelo menos para alguns de seus vinhos e no clima frio, produzindo vinhos mais leves, relativamente austeros em sabor e mais firmes.

O vinho Chablis é, tipicamente, muito seco e, às vezes, tem sabores pétreo, sem a riqueza e a maturidade dos Borgonhas brancos de Côte d'Or. Safras recentes de Chablis — como 1997, 2000 e 2003 — foram tão quentes, no entanto, que os vinhos ficaram com sabor mais maduro que o normal. Para um Chablis clássico, de clima frio, experimente uma garrafa das safras 2004, 2002 ou 1996. A safra 2005 de Chablis, a propósito, é fantástica!

DICA

O Chablis é um acompanhamento ideal para frutos do mar, principalmente ostras. Como todos os outros Borgonha brancos, o Chablis deve ser servido frio (15 ºC), não gelado.

Os melhores Chablis são de nível premier cru e grand cru. Os Chablis de vilarejos simples são menos caros — de 18 a 28 dólares — mas em geral é possível encontrar vinhos brancos melhores vindos de Mâcon, o Chalonnaise, ou Côte d'Or (Borgonha Branco) por este preço.

Mâcon: Brancos acessíveis

BARGANHA

Se você pensa que 20 dólares ou mais parece muito para gastar com uma garrafa de Borgonha ou Chablis branco para beber no dia a dia, temos uma alternativa: o Mâcon branco. Muitas das melhores compras de vinhos brancos — não só na França, mas no mundo todo — vem do distrito de Mâconnais. Os vinhos brancos de Mâcon, na verdade, são produzidos 100% com uvas Chardonnay. A maioria deles é chamada, simplesmente, de *Mâcon* ou *Mâcon-Villages* (um vinho um pouco melhor que o Mâcon, pois vem de vilarejos específicos), e são vendidos por 11 a 17 dólares a garrafa. Os Mâcons vindos de apenas um vilarejo, geralmente, são melhores; nestes vinhos, o nome do vilarejo é acrescentado ao nome do distrito, Mâcon (como em Mâcon-Lygny ou Mâcon-Viré)

Os Mâcon brancos são vinhos encorpados, firmes, frescos e substanciais, geralmente com sabor mineral. Geralmente, não são acarvalhados. Você deve apreciá-los quando eles ainda são jovens, normalmente em até três anos após a safra.

DICA

Os melhores Mâcon brancos vêm da parte mais ao sul do distrito e têm suas próprias denominações — Pouilly-Fuissé (pronuncia-se *puí fuissê*) e Saint-Véran (pronuncia-se *san verân*).

- O Pouilly-Fuissé é um vinho mais rico e encorpado do que um Mâcon simples. Geralmente, tem traços de carvalho e é um pouco mais caro (por volta de 20 a 25 dólares, e até 45 dólares para os melhores exemplares).

  Para experimentar um Pouilly-Fuissé, compre o Château Fuissé que, em boas safras, pode ser comparado favoravelmente aos Borgonha brancos mais caros de Côte d'Or

- O Saint-Véran, que custa de 14 a 19 dólares é, muito provavelmente, o vinho de melhor preço de Mâcon. Um exemplar especialmente bom é o Saint-Véran de Verget, que é um dos melhores produtores de vinhos Mâconnais.

Beaujolais: Tão agradável quanto acessível

O distrito de Beaujolais está situado ao sul de Mâconnais e tem até sua própria uva tinta, a Gamay. O fato de Beaujolais fazer parte da Borgonha é meramente técnico.

O Beaujolais fácil de beber

DICA

Se você é um apreciador de vinho branco, Zinfandel branco, ou rosé, o Beaujolais pode ser o primeiro vinho tinto *ideal* para provar — uma ponte, por assim dizer, para vinhos tintos mais sérios. Os vinhos Beaujolais são os vinhos tintos mais frutados da França, embora sejam secos. O Beaujolais é um vinho realmente divertido e delicioso, que não requer contemplação.

Beaujolais e *Beaujolais Supérieur* (com 1% a mais de álcool) são os vinhos Beaujolais mais fáceis. São vinhos frescos, frutados, descomplicados e leves, vendidos de 8 a 12 dólares, e que ficam melhores depois de um ou dois anos depois da safra. São ótimos vinhos para clima quente, onde um tinto mais pesado seria inapropriado.

Tabela 9-7 Os Dez Cru Beaujolais

Cru	*Descrição*
Brouilly (pronuncia-se bruí)	O maior cru em termos de produção e o mais variável em qualidade; leve e frutado; beber em até três anos
Côte de Brouilly	Distintamente melhor que o Brouilly, mais encorpado e concentrado; os vinhedos encontram-se em maior altitude; beber em até três anos
Regnié (pronuncia-se renhê)	O mais novo vilarejo a ser reconhecido como cru; bastante similar ao Brouilly; não é tão bom quanto o Côte de Brouilly
Morgon	Os melhores são encorpados e terrosos; podem envelhecer por cinco a sete anos
Chiroubles (pronuncia-se chirruble)	Um de nossos preferidos; o Beaujolais típico, delicado, delicioso e perfumado; tem sabor de frutas vermelhas jovens; muito bonito; beber em até dois anos da safra
Fleurie (pronuncia-se flérrí)	Encorpado, rico, com frutação aveludada; o cru mais popular (e, juntamente com o Moulin-à-Vent, o mais caro, de 16 a 22 dólares); bastante confiável; pode envelhecer por quatro anos
Moulin-à-Vent (pronuncia-se mulan a van)	Claramente, o cru mais poderoso e concentrado; pode envelhecer por mais tempo (dez anos ou mais); este é um Beaujolais que realmente precisa de três ou quatro anos para se desenvolver
Chénas (pronuncia-se chenás)	Bem parecido com o Moulin-à-Vent (na verdade, grande parte pode ser legalmente vendida como Moulin-à-Vent, que é mais conhecido); o que é vendido como Chénas geralmente tem preços bons; beber em até quatro anos
Juliénas (pronuncia-se juliânás)	O Beaujolais dos bem informados; geralmente, o mais consistente e o melhor dos crus; espesso e rico, pode durar cinco anos ou mais; raramente desaponta

Cru	Descrição
Saint-Amour (pronuncia-se sant amur)	O cru produzido mais ao norte de Beaujolais; perfeitamente batizado para o Dia dos Namorados (ou qualquer outro dia); maleável, de leve a encorpado, delicioso sabor de frutas silvestres; beber em até dois ou três anos

Os Verdadeiros Rhônes do Vale

O Vale do Rhône fica no sudeste da França. A estação de cultivo no Vale do Rhône é ensolarada e quente. Os vinhos refletem o clima: os tintos são encorpados, robustos e têm uma boa graduação alcoólica. Até mesmo alguns vinhos brancos tendem a ser encorpados e poderosos. Mas os vinhos da parte sul do Rhône são distintamente diferentes dos vinhos da parte norte do Vale do Rhône.

Para um vinho tinto seco bom e confiável, que custe entre 9 e 14 dólares, não procure além dos vinhos tintos cotidianos do Vale do Rhône, os Côtes du Rhône, que vêm, principalmente, da parte sul da região. O Vale do Rhône produz vinhos mais sérios — tintos em sua maioria — mas o Côtes du Rhône é um dos melhores vinhos tintos baratos do mundo.

Vinhos generosos do sul

A maioria (na verdade, 95%) dos vinhos do Rhône vem do Rhône do Sul, onde os vinhos são, geralmente, baratos e descomplicados. A variedade dominante no sul do Rhône é a prolífica Grenache, que produz vinhos naturais, com alta graduação alcoólica e baixo nível de tanino — mas algumas misturas contêm quantidades significativas de Syrah ou outras variedades, que produzem vinhos um tanto quanto vigorosos. Quase todos os vinhos de Côtes du Rhône são tintos (94% tintos, 3% brancos e 3% rosés). Além de Côtes du Rhône, outros vinhos do sul do Rhône a serem procurados são:

- **Côtes du Ventoux** (pronuncia-se *vantú*), que é similar, porém, mais leve do que o Côtes du Rhône.

- **Côtes du Rhône-Villages,** de 95 vilarejos que produzem vinhos mais encorpados e um pouco mais caros do que os de Côtes du Rhône; 16 destes vilarejos têm permissão para usar seus nomes no rótulo, como "Cairanne — Côtes du Rhône-Villages".
- Os vinhos de um vilarejo só **Gigondas** e **Vacqueyras** (pronuncia-se *vaquerás*).
- **Tavel** e **Lirac**; o Lirac é menos conhecido e, portanto, menos caro. A partir das uvas Grenache e Cinsault.
- **Châteauneuf-du-Pape** (pronuncia-se *chatônêf du pap*) é o rei do Sul do Rhône. Em boas safras, eles envelhecem bem por 15 a 20 anos.

O Vale do Loire: O Paraíso dos Vinhos Brancos

Muitos bons vinhos brancos vêm da região do Vale do Loire (pronuncia-se *luar*), porém, virtualmente, nenhum deles é Chardonnay! Também é possível encontrar vinhos tintos e alguns rosés secos no Loire, mas a região é verdadeiramente conhecida por seus vinhos brancos.

O Vale do Loire estende-se no noroeste da França, seguindo o Rio Loire. O clima é frio, principalmente no oeste, onde se produz vinhos brancos relativamente leves. O Vale do Loire tem três divisões: o Loire Superior, o Vale Central do Loire e o Pays Nantais (pronuncia-se *peí nanté*). Do lado leste do Vale (Loire Superior), a uva Sauvignon Blanc produz vinhos secos vivos, com sabores de especiarias, grama e minerais. Os dois principais vinhos são **Sancerre** e **Pouilly-Fumé** (pronuncia-se *puí fumê*).

- O Sancerre é o mais leve, mais seco e mais vibrante dos dois. Perfeito para beber no verão, principalmente com mariscos ou peixes leves de água doce, como a truta. Procure pelos Sancerres dos Domaines Henri Bourgeois ou Lucien Crochet.
- O Pouilly-Fumé é um pouco mais encorpado do que o Sancerre e pode ter sabores atraentes de pederneira e minerais. O Pouilly-Fumé pode ser um ótimo vinho quando feito por um bom produtor, como Didier Dagueneau ou Ladoucette. Devido ao seu peso, o Pouilly-Fumé vai bem com peixes ricos, como salmão, ou com frango ou vitela.

BARGANHA

A maioria dos vinhos Sancerre e Pouilly-Fumé é vendida por 20 a 35 dólares, mas alguns dos melhores Pouilly-Fumé podem custar 50 dólares ou mais. Estes vinhos são melhores quando jovens; beba-os em até quatro anos após a safra.

Os melhores vinhos tintos do Vale do Loire também vêm do Centro do Loire. Produzidos principalmente a partir de uvas Cabernet Franc, eles têm os nomes de lugares dos vilarejos de origem das uvas: **Chinon**, **Bourgueil**, **Saint-Nicolas-de-Bourgueil** e **Saumur-Champigny**. Todos são vinhos tintos com sabor de especiarias, um bom preço (de 12 a 35 dólares) e, conhecidamente, acompanham muito bem qualquer comida.

Perto do Oceano Atlântico, o terceiro distrito produtor de vinhos do Vale do Loire é o lar da uva Muscadet (também conhecida como Melon). O vinho, também chamado de **Muscadet** (pronuncia-se *muscadê*), é leve e seco, com sabores de maçã e minerais — perfeito para acompanhar mariscos, ostras e peixes de rio (e, naturalmente, ideal para beber no verão).

BARGANHA

A melhor notícia sobre o Muscadet é o preço. É possível comprar um Muscadet muito bom por 9 a 12 dólares. Compre o mais jovem que encontrar, pois o Muscadet é melhorem até dois anos após a safra; ele não é bom envelhecido.

Vinhos da Alsácia: Franceses, Não Alemães

É compreensível que alguns apreciadores de vinho confundam os vinhos da Alsácia com os vinhos alemães, pois ela fica em uma margem do Rio Reno, na Alemanha e até já fez parte do território alemão. Atualmente, Alsácia e Alemanha cultivam algumas uvas em comum. Porém, os vinhos da Alsácia são mais secos e encorpados que os vinhos alemães.

Riesling é o rei dos vinhos da Alsácia (lembre-se de que ele é um vinho *seco* aqui). O Riesling da Alsácia tem um aroma frutado, porém, um sabor fresco, seco, quase acerado. Embora, como a maioria dos vinhos da Alsácia, ele possa ser consumido jovem, um Riesling de boa safra pode, facilmente, envelhecer e melhorar por dez anos ou mais.

Os Rieslings são vendidos por 15 a 35 dólares; alguns dos melhores são vendidos por mais de 35.

O **Pinot Blanc** da Alsácia é o mais leve dos quatro vinhos. Alguns produtores fabricam seus Pinot Blanc meio-secos para atender apreciadores de vinho que não conhecem os vinhos da região, enquanto outros fabricam o Pinot Blanc clássico, bem seco. De qualquer maneira, ele é melhor quando jovem. O Pinot Blanc não é muito caro, com preços entre 12 e 20 dólares.

Pinot Gris ou **Tokay-Pinot-Gris** (a parte "Tokay" do nome está sendo eliminada para evitar confusões com o famoso vinho de sobremesa húngaro, o Tokaji) é feito com uvas Pinot Gris, a mesma variedade encontrada na Itália com o nome Pinot Grigio. Na Alsácia, ela fabrica um vinho rico, condimentado, espesso e cheio de personalidade. O Pinot Gris da Alsácia é vendido por 15 a 30 dólares; vai bem com pratos que levam carne temperada e pode combinar com sabores levemente doces ou azedos.

A uva **Gewürzstraminer** tem aromas e sabores tão intensos e condimentados que faz um vinho do tipo "ame ou odeie". Claramente, esta uva tem seu melhor desempenho na Alsácia. Ele tem acidez bastante baixa e alta graduação alcoólica, uma combinação que dá uma impressão de firmeza e suavidade. Acompanha melhor *foie gras* e queijos fortes. O Gewurzstraminer é vendido mais ou menos pelo preço do Riesling, mas não envelhece tão bem quanto ele.

O Sul e o Sudoeste

A maioria dos vinhos do sul da França não obteve muita atenção internacional até os anos 1980. Agora, o mundo descobriu que estes vinhos melhoraram muito em qualidade, e estão muito mais acessíveis.

Midi: O depósito de pechinchas da França

A região ensolarada e seca de Languedoc-Roussillon (pronuncia-se *languedóc-russion*), também conhecida como Midi, há muito tempo é a maior região produtora de vinhos do país. A região produz principalmente vinhos tintos; na verdade, mais de metade dos vinhos tintos da França vem de lá. Nesta região, procure especialmente os vinhos tintos das regiões AOC de **Corbières, Minervois, St. Chinian, Fitou** e **Costières de Nîmes**. Além disso, muitos vinhos varietais com a designação *Vin de Pays d'Oc*, em geral, são de boa qualidade. Eles são feitos a partir de uvas que podem vir de qualquer lugar da região de Languedoc-Roussillon e não de uma região AOC específica.

Eterna Provence

A Provença é mais conhecida por seus rosés, os quais muitos turistas apreciam na Riviera e que ainda dominam na maior área vinífera AOC da região, **Côtes de Provence**, mas em três outras importantes regiões AOC — **Coteaux d'Aix-en-Provence, Les Baux-de-Provence** e **Bandol** — os vinhos tintos imperam. Bandol, e seu mais importante produtor, Domaine Tempier, têm a melhor reputação dos tintos de Provença. **Cassis** (sem qualquer relação ao licor de mesmo nome), uma pequena área AOC na costa mediterrânea, perto de Marseilles, faz vinhos brancos distintos e aromáticos. As principais cepas dessa região são: Grenache, Cinsault, Mouvèdre, Carignan, Syrah e Cabernet Sauvignon.

Sudoeste da França

A área que margeia o Oceano Atlântico ao sul de Bordeaux é conhecida como Sudoeste da França — mas é, na verdade, composta por vários distritos separados. Três dos mais importantes são:

- **Bergerac**, que faz vinhos tintos e brancos parecidos com os de Bordeaux, sem os preços de Bordeaux. A uva Merlot domina os vinhos tintos de Bergerac, enquanto a Sémillon e a Sauvignon Blanc são as principais variedades dos brancos.
- **Monbazillac,** que é especialista em vinhos doces de sobremesa, similares aos Sauternes da região de Bordeaux, mas os vinhos de Monbazillac são consideravelmente mais baratos — e menos complexos — do que os Sauternes.
- **Cahors** é o distrito de mais prestígio da região. A principal variedade de uva é a Malbec. Preços beiram os 25 dólares.
- **Gaillac** e **Jurançon** são especialistas em vinhos brancos de sobremesa. Gaillac também produz vinhos frutados e levemente espumantes.

Capítulo 10

Itália, a Terra do *Vino*

Neste Capítulo

- Descobrindo os grandes vinhos "B" da Itália
- Conhecendo os vinhos famosos da Itália

Neste capítulo, falaremos sobre as três regiões viníferas mais conhecidas da Itália — Piemonte, Toscana e o Norte da Itália. Também falaremos sobre as outras regiões italianas cujos vinhos você, provavelmente, encontra em sua loja ou *ristorante*.

O Vinhedo da Europa

A pequena e extraordinária Itália fabrica mais de 20% dos vinhos do mundo! O vinho é a força vital do povo italiano. As parreiras crescem em toda parte e nenhuma refeição pode ocorrer sem uma garrafa de vinho na mesa. A Tabela 10-1 lista as variedades de uva que estão por trás de alguns vinhos das regiões viníferas mais importantes da Itália.

Tabela 10-1 Variedades de Uva de Algumas das principais Regiões Viníferas da Itália

Região	*Vinho Branco*	*Variedades de Uva*
Piemonte		
Barolo		Nebbiolo

(continua)

Tabela 10-1 Variedades de Uva de Algumas das principais Regiões Viníferas da Itália (Continuação)

Região	*Vinho Branco*	*Variedades de Uva*
Barbaresco		Nebbiolo
Gattinara		Nebbiolo, Bonarda*
	Gavi	Cortese
Toscana		
Chianti, Chianti Classico		Sangiovese, Canaiolo, e outras*
Brunello di Montalcino		Sangiovese Grosso
Vino Nobile di Montepulciano		Sangiovese, Canaiolo e outras*
Carmignano		Sangiovese, Cabernet Sauvignon*
Super-Tocanos**		Cabernet Sauvignon, Sangiovese e outras*
Veneto		
	Soave	Garganega, Trebbiano e outras*
Valpolicella		Corvina, Rondinella, Molinara*
Amarone		(As mesmas uvas do Valpolicella, meio-secas)
Bardolino		Corvina, Rondinella, Molinara*
	Bianco di Custoza	Trebbiano, Garganega, Tocai*
	Lugana***	Trebbiano

* Vinhos de corte, feitos com duas ou mais uvas.

** Vinhos não tradicionais produzidos principalmente no distrito de Chianti; veja detalhes em Toscana.

*** Grande parte da região vinífera do Lugana fica na Lombardia.

Categorias de vinho italiano, legalmente falando

PAPO DE ESPECIALISTA

O sistema italiano para categorizar os vinhos deve estar de acordo com o sistema da UE. A Itália tem duas categorias:

- Vinhos DOCG (*Denominazione di Origine Controllata e Garantita*), traduzido por Denominação de Origem Controlada e Garantida, formam um pequeno grupo de vinhos de elite. A longa frase em italiano que corresponde às iniciais DOCG aparece nos rótulos destes vinhos;
- Vinhos DOC (*Denominazione di Origine Controllata*), traduzido por Denominação de Origem Controlada, são os vinhos QWPSR básicos da Itália. A frase *Denominazione di Origine Controllata* aparece nos rótulos destes vinhos.

LEMBRE-SE

Os termos DOC e DOCG referem-se a regiões viníferas e aos vinhos destas regiões. O Soave DOCG, por exemplo, é tanto um lugar (de produção regulamentada pela legislação italiana) quanto o nome do vinho daquele local.

Na segunda categoria da UE — vinho de mesa — a Itália tem outras duas categorias de vinho:

- Vinhos IGT (*Indicazione di Geografica Tipica*), que são vinhos de mesa com uma indicação geográfica no rótulo. A maioria destes vinhos era classificada como *vino da tavola* seguido por uma indicação geográfica, assim como se pode encontrar ainda em alguns rótulos.
- Vinhos de mesa comuns, que não têm indicação geográfica, exceto "Itália".

Regiões viníferas da Itália

O vinho é produzido em toda a Itália. O que chamaríamos de região vinífera da França, como Borgonha, chamamos de *área* vinífera na Itália, para evitar confusões com sua região política (veja a Figura 10-1).

Figura 10-1: Regiões viníferas da Itália.

Muitos dos melhores vinhos vêm do norte: região de Piemonte, no noroeste, Toscana, no centro-norte da Itália e as três regiões (chamadas, informalmente, de Tre Venezie) do Nordeste da Itália.

O Reinado dos Tintos em Piemonte

À uva Nebbiolo cabe a fama de Piemonte. Tanto o Barolo quanto o Barbaresco são tintos robustos feitos com ela e atestam sua nobreza. Eles têm preço inicial de 40 dólares e podem chegar a 100 dólares por garrafa.

PAPO DE ESPECIALISTA

A maioria dos Barolos e Barbarescos não são vinhos para serem consumidos jovens. Precisam envelhecer por três anos na vinícola, ou por cinco anos, se ele for chamado de *Riserva*. O envelhecimento mínimo do Barbaresco é de dois anos, ou quatro para os Riserva. Ambos os vinhos envelhecem bem e chegam a alcançar de 10 a 15 anos de envelhecimento.

O Barbaresco e, especialmente, o Barolo requerem *um bom produtor para prover o melhor vinho*. Para guiá-lo nesta missão, listamos os melhores produtores de Barolos e Barbarescos, em ordem de preferência.

Barolo

Giacomo Conterno
Giuseppe Mascarello
Giuseppe Rinaldi
Bartolo Mascarello
Vietti
Ceretto
Gaja
Bruno Giacosa
Roberto Voerzio
Aldo Conterno
Marcarini
Luciano Sandrone
Paolo Scavino
Podere Colla
Elvio Cogno
Clerico
Pio Cesare
Prunotto
Renato Ratti
Brovia
E. Pira & Figli
Elio Altare
Luigi Pira
Manzone
Marchesi di Barolo
Michele Chiarlo
Conterno-Fantino
Parusso
Giacomo Borgogno
Cordero di Montezemolo
Fontanafredda

Barbaresco

Bruno Giacosa
Gaja
Ceretto (mais conhecido como Bricco Asili)
Marchesi di Gresy
Produttori del Barbaresco
DeForville

Há dois outros ótimos vinhos baseados na uva Nebbiolo, os DOCGs Gattinara e Ghemme, embora raramente obtenham a aclamação do Barolo e do Barbaresco. Eles vêm do norte de Piemonte, onde a uva Nebbiolo é chamada de Spanna.

Tintos para a semana

Piemonte reserva vários vinhos sérios, como Barolo e Barbaresco, para o jantar de domingo ou ocasiões especiais. Os que são bebidos diariamente são os vinhos tintos Dolcetto, Barbera e Nebbiolo.

Dolcetto

Embora a uva Dolcetto seja doce, o *vinho* é distintamente seco, com bastante sabor de uva e tanino notável. Ele é mais seco e mais tânico do que o Beaujolais e é vendido de 11 a 25 dólares. Os melhores vinhos Dolcetto são das áreas de Dogliani, Diano d'Alba e Alba; os rótulos destes vinhos têm o nome da uva.

Barbera

A uva Barbera é a segunda uva vermelha mais plantada de toda a Itália. É um vinho tinto rico com acidez alta e um generoso traço de framboesa. O Barbera d'Alba é, geralmente, um pouco mais cheio, maduro e rico do que o Barbera d'Asti. O estilo mais tradicional é vendido por aproximadamente 12 a 25 dólares. O estilo mais novo, o Barbera influenciado pelo carvalho, envelhecido em *barris*, é vendido por 25 a 45 dólares. Nós preferimos o estilo mais simples, barato e tradicional.

VALE A PENA PROCURAR

Dois produtores particularmente bons de Barbera d'Alba são Vietti e Giacomo Conterno. Vietti também produz um excelente Barbera d'Asti, chamado "La Crena".

Nebbiolo

O Nebbiolo (d'Alba ou Langhe) é feito à partir de uvas Nebbiolo cultivadas em vinhedos fora das premiadas áreas de Barolo ou Barbaresco. O vinho é leve e é vendido por aproximadamente 15 a 20 dólares por garrafa. Outra variação é o Roero Rosso, feito quase que totalmente com Nebbiolo.

Toscana, a Bela

Não poderíamos esquecer o Chianti, o vinho da bela e famosa Toscana.

Chianti: O ótimo, porém, subestimado tinto da Itália

Chianti é uma grande área vinífera que se estende por grande parte da Toscana. A área — toda ela com status DOCG — tem oito distritos. Os vinhos Chianti podem usar o nome do distrito onde suas uvas são cultivadas ou simplesmente a denominação Chianti.

Eles são feitos quase que totalmente com a uva Sangiovese, enquanto outros usam até 25% de outras castas, incluindo variedades "internacionais", como Cabernet Sauvignon, Merlot e Syrah. O Chianti é um vinho tinto muito seco que, como a maioria dos vinhos italianos, fica melhor se apreciado com comida. Geralmente, tem um aroma de cerejas e, às vezes, violetas e um sabor reminiscente de cerejas ácidas. Os melhores vinhos Chianti têm um caráter muito concentrado de frutas e, geralmente, têm sabor melhor após cinco a oito anos da safra — embora em boas safras eles não tenham problemas para envelhecer por dez anos ou mais. As safras recentes, mais quentes, da Europa, como 1997, 2000 e 2003, têm uma tendência para maturidade, corpulência de textura e mais álcool.

As duas safras excepcionais a serem procuradas nos vinhos Chianti são 1999 e 2001 — duas das melhores safras da Toscana dos tempos modernos.

Compilamos uma lista de nossos produtores preferidos, Grupo A (em nossa opinião, o melhor) e Grupo B (nossos outros preferidos), em ordem alfabética.

Grandes Produtores de Chianti

Grupo A

Antinori
Badia a Colitbuono
Castellare
Castell'in Villa
Castello dei Rampolla
Castello di Brolio
Castello di Fonterutoli
Fattoria La Massa
Felsina
Fontodi
Frescobaldi
Il Palazzino
Isole e Olena
Nozzole
Riecine

Grupo B

Carpineto
Castello Banfi
Castello d'Albola
Castello di Ama
Castello di Gabbiano
Castello di Verrazzano
Castello di Volpaia
Cecchi-Villa Cerna
Dievole
Fattoria di Viticcio
La Brancaia
Le Corti
Nittardi
Melini
Monsanto-Il Poggio

Riseccoli
Ruffino
San Giusto a Rentennano
Selvapiana
Vecchie-Terre di Montefili
Querciabella
San Fabiano Calcinaia
San Felice
Villa Cafaggio

Monumental Brunello di Montalcino

Enquanto o Chianti é famoso há séculos, outro ótimo vinho da Toscana, o Brunello di Montalcino, explodiu no cenário internacional há 35 anos. Atualmente, o Brunello di Montalcino, um vinho DOCG, é considerado um dos melhores e mais longevos vinhos tintos que existem. Ele tem um preço à altura: de 45 a mais de 200 dólares por garrafa (para vinhos do produtor Soldera).

O Rosso di Montalcino é um vinho menos caro (23 a 30 dólares), mais pronto para beber, feito a partir da mesma uva, cultivada na mesma área de produção do Brunello di Montalcino. O Rosso di Montalcino de um bom produtor de Brunello tem um ótimo valor, oferecendo um traço da majestade do Brunello sem ser caro demais.

Grandes Produtores de Brunello di Montalcino

Soldera, Case Basse (muito caro)
Biondi-Santi (muito caro)
Altesino (principalmente do vinhedo Montosoli)
Costandi
Pertimali di Livio Sassetti
Castello Banfi
Canalicchio di Sopra
Il Greppone Mazzi
Il Poggione
Ciacci Piccolomini
Poggio Antico
Caparzo (principalmente "La Casa")
Castelgiocondo
La Torre

Tre Venezie

As três regiões no noroeste da Itália (veja a Figura 10-1) são geralmente citadas como as *Tre Venezie* — as Três Venezas. ssociações históricas à parte, cada uma destas regiões produz vinhos tintos e brancos, que estão entre os vinhos italianos mais populares fora da Itália.

Três delicados vinhos de Verona

É possível que seu primeiro vinho italiano seco não fosse Chianti ou Pinot Grigio, mas um dos três grandes de Verona: o branco **Soave**, ou os tintos **Valpolicella** ou **Bardolino**. Estes vinhos enormemente populares são do nordeste da Itália, da pitoresca cidade de Verona.

BARGANHA

A maioria dos vinhos Valpolicella, Bardolino e Soave tem preços entre 9 e 14 dólares, assim como outros dois vinhos brancos da região: Bianco di Custoza e Lugana. Alguns dos melhores vinhos veroneses, dos seguintes produtores, têm preços um pouco mais altos:

- **Soave:** Pieropan, Inama, Gini, Santa Sofia.
- **Valpolicella:** Allegrini, Quintarelli, Dal Forno, Le Ragose, Bertani, Alighieri, Tommasi, Masi.
- **Bardolino:** Guerrieri-Rizzardi, Cavalchina, Fratelli Zeni.

A aliança austro-italiana

Pense em Trentino-Alto Adige. Esta região montanhosa (a parte mais ao norte da Itália; veja a Figura 10-1) não só é dramaticamente diferente do restante da Itália, como o Alto Adige (ou Tyrol do Sul), com idioma predominantemente alemão, ao norte, é completamente diferente de Trentino, ao sul, falante de italiano. Alto Adige produz vinho tinto, mas grande parte dele vai para a Alemanha, Áustria e Suíça. O restante do mundo vê os vinhos brancos de Alto Adige — **Pinot Grigio, Chardonnay, Pinot Bianco, Sauvignon,** e **Gewürzstraminer** — cujos preços variam de 12 a 18 dólares.

DICA

Alto Adige produz os melhores vinhos brancos da Itália, juntamente com Friuli. Quatro produtores que devem ser procurados são Alois Lageder, Hofstätter, Tiefenbrunner e Peter Zemmer. Seguem alguns destaques de cada marca:

- O Pinot Bianco de Lageder, do vinhedo Haberlehof, e seu Sauvignon, do vinhedo Lehenhof, são exemplos excepcionais de suas cepas de uvas e estão entre os melhores vinhos que já provamos destas cepas;
- O Gewürzstraminer de Hofstätter, do vinhedo Kolbenhof, é um dos melhores vinhos desta variedade. Hofstätter também produz um dos melhores Pinot Nero da Itália, Villa Barthenau;

- O Muller Thurgau, de Tiefenbrunner, de seu vinhedo Feldmarschall (o mais alto da região) poderia muito bem ser o melhor vinho do mundo desta variedade, normalmente sem brilho;
- Peter Zemmer produz vinhos Chardonnay e Pinot Grigio confiáveis com preços entre 11 e 14 dólares.

Trentino, a parte sul da região Trentino-Alto Adige, não deixa de ter seus vinhos notáveis. Alguns excelentes vinhos **Chardonnay** vêm de Trentino, por exemplo; dois dos melhores são feitos por Pojer & Sandri e Roberto Zeni. Na verdade, recomendamos qualquer vinho destes dois produtores. Elisabetta Foradori é uma produtora de Trentino especializada em vinhos tintos feitos com a cepa local, a **Teroldego Rotaliano**. Seus melhores tintos, Granato e Sgarzon, são baseados em Teroldego e sempre recebem críticas elogiosas dos críticos de vinho. Além deles, um dos principais produtores de vinho espumante da Itália, o Ferrari, está em Trentino.

O outro lado: Friuli-Venezia Giulia

Justificavelmente, a Itália é conhecida no mundo do vinho por seus vinhos tintos. Porém, nos últimos 20 anos, a região de Friuli-Venezia Giulia (veja a Figura 10-1), liderada pelo fabricante pioneiro de vinhos, Mario Schiopetto, conscientizou o mundo em relação aos vinhos brancos italianos.

Listamos, alfabeticamente, nossos produtores recomendados em Friuli:

Grandes Produtores de Friuli

Abbazia di Rosazzo/Walter Filiputti
Borgo Conventi
Doro Princic
Girolamo Dorigo
Gravner
Jermann
Lis Neris-Pecorari
Livio Felluga
Miani
Mario Schiopetto
Plozner
Ronco del Gelso
Ronco del Gnemiz
Ronco dei Rosetti, de Zamò
Ronco dei Tassi
Russiz Superiore, de Marco Felluga
Venica & Venica
Vie di Romans
Villa Russiz
Volpe Pasini

Capítulo 11

Espanha, Portugal, Alemanha e Além

Neste Capítulo

- Chegando à maioridade: Espanha
- Achando vinhos ótimos em Portugal
- Aprendendo os modos únicos da Alemanha
- Descobrindo a Áustria, Hungria e Grécia
- Conhecendo os vinhos incomuns dos climas alpinos

No passado, ninguém usava a frase *vinho europeu* ao se referir, de modo geral, aos vinhos da França, Itália, Espanha, Portugal e Alemanha. Os vinhos não tinham nada em comum.

Porém, atualmente, dois fatores mudaram a maneira de observarmos o vinho destes países: a unificação da Europa também unificou as leis dos vinhos e produtores de todo o mundo invadiram as prateleiras de todos os lugares, popularizando uma nomenclatura (nomes varietais) e sabores que não faziam parte do modelo europeu, ou do *velho mundo*.

Apesar das similaridades entre os vinhos europeus, cada país da Europa produz vinhos distintamente diferentes. A importância da França e da Itália rendeu um capítulo para cada um destes países, enquanto o restante da Europa divide os holofotes neste capítulo.

Vinhos Intrigantes da Espanha Antiga

Atualmente, a Espanha é uma das arenas mais vibrantes do mundo em termos de vinho. Atualmente, muitas outras regiões viníferas da

Espanha estão produzindo vinhos realmente bons. Além de Rioja, as seguintes regiões são uma parte importante do cenário dos vinhos de qualidade da Espanha (veja a Figura 11-1):

- **Ribera del Duero**, famosa por seus vinhos tintos de alta qualidade.
- **Priorato**, montanhosa e inacessível, ótima para o vinho tinto.
- **Penedés,** grande produtora de vinhos brancos e tintos, famosa por seus espumantes
- **Rías Baixas**, da Galícia, produz um ótimo vinho branco, o Alvariño.
- **Navarra**, famosa devido ao seus rosés secos, boa produtora de tintos.
- **Toro**, emergindo rapidamente como boa produtora de vinhos tintos.
- **Rueda,** é conhecida por vinhos brancos baratos e bem feitos.

Figura 11-1: Regiões viníferas da Espanha.

A Rioja canta de galo

Rioja, que fica na região centro-norte da Espanha (veja a Figura 11-1) é a maior região produtora de vinho tinto do país (ainda que hoje Ribera del Duero e Priorato estejam chegando lá — e rápido!). Três quartos dos vinhos de Rioja são tintos, 15% são de *rosado* (rosé) e 10% são de branco.

A principal uva de Rioja é a Tempranillo, a maior casta tinta da Espanha. Mas as normas permitem outras três variedades de uvas tintas — Garnacha (Grenache), Graciano (Carignan) e Mazuelo — e o vinho tinto de Rioja é, tipicamente, uma mistura de duas ou mais variedades.

DICA: Os preços começam em 12 dólares, para os tintos crianza, e vão até 45 dólares, para alguns gran reservas. As melhores safras recentes de Rioja são 2004, 2001, 1995, 1994, 1989, 1982 e 1981.

DICA: Os produtores de Rioja á seguir são particularmente consistentes na qualidade de seus vinhos tintos:

- CVNE (Compañía Vinícola del Norte de España), ou CUNE;
- Bodegas Muga;
- R. Lopez de Heredia;
- La Rioja Alta;
- Marqués de Murrieta Ygay;
- Marqués de Riscal.

Os desafios de Ribera del Duero

Ribera del Duero, a duas horas de Madrid, é uma das regiões viníferas mais dinâmicas da Espanha que obtém a melhor qualidade da uva Tempranillo em vinhos encorpados, de cor profunda e sutis. O lendário produtor, Viega Sicilla, dominou a área por décadas. Na verdade, o melhor vinho da Espanha é o Unico, de Viega Sicilla (Tempranillo, com 20% de Cabernet Sauvignon) — um vinho tinto intenso, concentrado e tânico, com enorme longevidade; ele envelhece durante dez anos em pipas. Está disponível principalmente nos melhores restaurantes. Custa aproximadamente 300 dólares a garrafa. Até mesmo o irmão mais novo, menos intenso do Unico, o Valbuena, é vendido por aproximadamente 100 dólares. Outros três ótimos produtores de Ribera del Duero são Bodegas Mauro, Viña Pedrosa e Bodegas Teófilo Reyes, que produzem vinhos tintos que rivalizam com o Pesquera.

Pesquera, de Alejandro Fernández, feito totalmente com Tempranillo, tem sido muito bem avaliado nos últimos 15 anos. Pesquera é um vinho grande, rico, acarvalhado e tânico, com uma personalidade bastante frutada, vendido por aproximadamente 28 dólares, enquanto o Pesquera mais jovem custa 20 dólares. Da mesma região há o reserva Fernández, Condado de Haza, vendido por aproximadamente 35 dólares.

Priorato: Emergindo do passado

Nenhuma região vinífera espanhola tem recebido mais destaque ultimamente do que Priorato. No entanto, Priorato ainda não se tornou um destino turístico por ser muito inacessível. O solo vulcânico da região, composto principalmente por ardósia e xisto, é tão infértil que praticamente nada além das uvas cresce lá. O clima é bem continental: verões muito quentes e secos e invernos muito frios. Os declives inclinados devem ser transformados em planaltos; muitos vinhedos só podem ser trabalhados à mão e a produção de uvas é muito baixa.

Vinhos tintos fantasticamente ricos e poderosos — feitos principalmente de Garnacha e Carginan, duas das cepas nativas da Espanha — surgiram nesta paisagem cruel. Muitos são ásperos como terra, com muito tanino e álcool; alguns vinhos têm graduação alcoólica tão alta que têm uma doçura quase que igual ao Porto. Como a fabricação de vinho em Priorato não é econômica, para dizer o mínimo, e as quantidades de cada vinho são tão pequenas, os vinhos são, necessariamente, muito caros: os preços começam em aproximadamente 40 dólares.

Os tintos de Priorato que valem a pena ser procurados incluem: Clos Mogador, Clos Erasmus, Alvaro Palacios, Clos Martinet, l'Hermita, Mas d'En Gil e Pasanau.

Outras cinco regiões espanholas a serem observadas

A qualidade dos vinhos espanhóis não termina em Rioja, Ribera del Duero e Priorato.

Penedés

A região vinífera de Penedés fica na Catalunha, sul de Barcelona (veja a Figura 11-1). É o lar da maioria dos vinhos espumantes da Espanha, conhecidos como *Cava*.

Todos os vinhos de Torres são cristalinos, bem feitos, têm preços razoáveis e são amplamente disponibilizados. Os preços começam em 10 dólares para o tinto Sangre de Toro (Garnacha-Carignan) e Coronas (Tempranillo-Cabernet Sauvignon) e o branco Viña Sol. O top de linha Mas La Plana Black Label, um Cabernet Sauvignon poderoso, porém, elegante, custa aproximadamente 45 dólares.

Freixenet, o produtor líder de Cava, também está atuando no ramo dos vinhos normais. Seus vinhos incluem os varietais baratos da marca René Barbier e dois vinhos fascinantes de Segura Viudas (uma marca de Cava de propriedade de Freixenet), ambos custando entre 15 e 16 dólares. Creu de Lavit é um branco sutil, porém, complexo, feito totalmente com Xarel-lo, uma uva nativa utilizada principalmente na produção de Cava. O tinto Mas d'Aranayo é feito principalmente de Tempranillo. Recomendamos, particularmente, o Creu de Lavit.

Rías Baixas: O vinho branco da Galícia

A Galícia, no noroeste da Espanha, perto do Oceano Atlântico e de Portugal (veja a Figura 11-1) não era uma província conhecida por seu vinho. Mas, de uma pequena área chamada Rías Baixas, incrustada na parte sul da Galícia, surgiu um novo e excitante vinho branco — o Albariño, feito a partir da cepa de uva Albariño. Rías Baixas é, na verdade, uma das regiões mais quentes do mundo para vinho branco. Usamos "quente" com significado de "importante", não para descrever o clima, pois Rías Baixas é fria e úmida em boa parte do ano, e fresca o ano todo. Atualmente, esta região abriga 200 vinícolas.

Os Albariños que que valem a pena incluem Bodega Morgadío, Lusco, Bodegas Martin Codax, Fillasboa, Pazo de Señorans, Pazo San Mauro, Pazo de Barrantes e Vionta; todos com preços entre 16 e 23 dólares.

Decodificando os rótulos dos vinhos espanhóis

É possível encontrar os seguintes termos em um rótulo de vinho espanhol:

Blanco: Branco.

Bodega: Vinícola.

Cosecha ou **Vendimia:** O ano da safra.

Crianza: Para os vinhos tintos, isso significa que o vinho envelheceu por dois anos, com pelo menos seis meses em carvalho; para os brancos e rosés, crianza significa que os vinhos envelheceram por um ano, com pelo menos seis meses em carvalho. Algumas regiões têm padrões mais severos.

Gran reserva: Vinhos produzidos apenas em safras excepcionais; os vinhos tintos devem envelhecer por pelo menos cinco anos, incluindo um mínimo de dois anos em carvalho; os gran reservas brancos devem envelhecer por pelo menos quatro anos antes do lançamento, incluindo seis meses em carvalho.

Reserva: Vinhos produzidos nas melhores safras; reservas tintos devem envelhecer por, no mínimo, três anos, incluindo um ano em carvalho; os reservas brancos devem envelhecer por dois anos, incluindo seis meses em carvalho.

Tinto: Tinto.

Navarra

Antigamente, a palavra *Navarra* remetia a imagens de vinhos rosé baratos e fáceis de beber (ou, para os mais aventureiros, memórias das touradas de Pamplona, capital de Navarra).

Muitos vinhos tintos de Navarra são feitos a partir de Tempranillo, juntamente com Garnacha, mas também é possível encontrar Cabernet Sauvignon, Merlot e vários cortes das quatro cepas na região inovadora de Navarra. Procure pelos vinhos dos seguintes produtores de Navarra: Bodegas Julian Chivite, Bodegas Guelbenzu e Bodegas Magana.

El Toro

A região de Toro, no noroeste da Espanha, a oeste de Ribera del Duero, produzia, na Idade Média, vinhos bastante famosos na Espanha. Porém, trata-se de uma área quente e árida, com solo pobre, portanto, a fabricação de vinhos foi praticamente abandonada naquela região durante séculos. Na atual explosão espanhola do vinho, Toro foi redescoberta. Os fabricantes determinaram que o clima e o solo são, na verdade, ideais para produzir vinhos tintos poderosos e tânicos — principalmente com a variedade Tempranillo — que rivalizam os vizinhos de Toro em Ribera del Duero. Os produtores de Toro que devem ser comprados incluem Bodegas Fariña, Vega Sauco, Estancia Piedra, Bodegas y Viñas Dos Victorias, Gil Luna e Dehesa La Granja (de propriedade de Alejandro Fernández, do Pesquera).

O Verdejo de Rueda

A região de Rueda, a oeste de Ribera del Duero, produz um dos melhores vinhos brancos da Espanha a partir da uva Verdejo. O vinho é límpido e fresco, tem um bom caráter frutado e é vendido por 9 a 10 dólares. O produtor de Rioja Marquis de Riscal fabrica um dos melhores e mais disponibilizados exemplares.

Portugal: Muito Além do Porto

Portugal é merecidamente famoso por seu ótimo vinho de sobremesa, o Porto. Porém, gradualmente, os amantes de vinho estão descobrindo as outras dimensões do vinho português — os vinhos secos, principalmente os tintos. A maioria vem de cepas de uvas nativas de Portugal, e há centenas delas.

O nível mais elevado para os vinhos de Portugal é *Denominação de Origem* (DO), que foi concedido a vinhos de 32 regiões. A categoria dos vinhos de mesa inclui oito regiões de *Vinho Regional (VR)*, equivalente ao *Vin de Pays* da França, e o simples *Vinho de Mesa*.

O branco "verde" de Portugal

DICA

Em tardes quentes de verão, o vinho mais apropriado pode ser uma envolvente e levemente efervescente garrafa do branco Vinho Verde. A alta acidez do Vinho Verde refresca sua boca e, particularmente, complementa peixe grelhado ou frutos do mar.

Existem dois estilos de Vinho Verde no mercado. As marcas encontradas com mais facilidade (Aveleda e Casal Garcia), que são vendidas por 7 ou 8 dólares, são vinhos meio-secos de qualidade média e ficam bons se servidos frios.

VALE A PENA PROCURAR

Os Vinhos Verdes mais caros (de 15 a 20 dólares) são vinhos varietais, feitos a partir da uva Alvarinho (ou a Albariño, de Rías Baixas), Loureiro ou Trajadura. Eles são mais complexos, mais secos e mais concentrados do que o Vinho Verde simples, e são os melhores vinhos brancos de Portugal. A maioria dos vinhos de Vinho Verde é de vinhos tintos. No entanto, eles são *altamente* ácidos; certamente, será preciso adquirir gosto por eles.

A região do Douro produz outros vinhos tintos fantásticos, a maioria deles muito nova e baseada em uvas usadas, tradicionalmente, para o Porto. As marcas a serem procuradas incluem Quinta do Vale D. Maria, Quinta do Vallado, Quinta do Crasto, Quinta do Cotto, Quinta de la Rosa, Quinta do Vale Meão, Quinta de Roriz, Quinta da Leda Vale do Bomfim e Chryseia.

Reconhecendo os termos dos vinhos portugueses

Os termos a seguir aparecem nos rótulos dos vinhos portugueses:

Colheita: Ano da safra.

Garrafeira: Um reserva que envelheceu por pelo menos dois anos em uma pipa e um ano na garrafa, no caso dos tintos; seis meses em uma pipa e seis meses na garrafa, no caso dos brancos.

Quinta: Propriedade ou vinhedo.

Reserva: Um vinho de qualidade superior de uma safra.

Tinto: Tinto.

DICA

Outros bons vinhos portugueses que devem ser provados incluem:

- **Quinta do Carmo:** um vinho rico e espesso, vendido por 25 dólares.
- **Quinta de Pancas:** um Cabernet Sauvignon de Portugal, vendido por 15 dólares, aproximadamente.
- **Quinta de Parrotes**: feito com a variedade da uva Castelão; é vendido a 10 dólares.
- **Quinta da Bacalhôa:** um Cabernet Sauvignon-Merlot elegante, vendido por 27 dólares.
- **Os vinhos tintos de J. M. da Fonseca Successores**: produz os melhores tintos de Portugal.
- **Os vinhos de João Portugal Ramos:** presta consultoria para diversas vinícolas e produz, dentre outros, o Marquês de Borba e Vila Santa.

Alemanha: A Individualista da Europa

Os vinhos alemães marcham ao som de um tambor diferente. Eles têm uma cor predominante: o branco. Com um estilo frutado, graduação alcoólica baixa, raramente são acarvalhados e, geralmente, são bem secos ou doces. Seus rótulos trazem os nomes das uvas, o que é uma anomalia na Europa. A Alemanha é o maior país produtor de vinhos do norte da Europa.

Riesling e seus amigos

No clima frio da Alemanha, a nobre uva Riesling encontra a verdadeira felicidade. A variedade Riesling representa pouco mais de 20% dos vinhedos alemães. Outra variedade alemã grande, mas menos distinta, é a Muller-Thurgau (pronuncia-se *miler turgau*), um cruzamento das uvas Riesling e Silvaner (ou, possivelmente, Chasselas). Seus vinhos são mais suaves que os Riesling, com menos personalidade e pouco potencial de magnitude.

Depois da Muller-Thurgau e da Riesling, as uvas mais plantadas na Alemanha são Silvaner, Kerner, Scheurebe (pronuncia-se *choirebe*) e Rulânder (Pinot Gris). Entre as uvas vermelhas da Alemanha, a

Spätburgunder (Pinot Noir) é mais plantada, principalmente nas partes mais quentes do país.

Leis e estilos de vinho da Alemanha

O sistema alemão de classificação não é baseado no sistema AOC francês, como acontece com a maioria dos países europeus. Como a maioria dos vinhos europeus, os alemães são, na verdade, nomeados com os lugares de onde vêm — nos melhores vinhos, geralmente a combinação de um nome de vilarejo e de um vinhedo, como Piesporter (cidade) Goldtröpfchen (vinhedo).

Ao contrário da maioria dos vinhos europeus, no entanto, o nome da uva também faz parte do nome do vinho (como em Piesporter Goldtröpfchen *Riesling*). E os melhores vinhos alemães têm, ainda, outro elemento em seu nome — um *Prädikat*, que é uma indicação da maturidade das uvas na colheita (como em Piesporter Goldtröpfchen Riesling *Spätlese*). Os vinhos com um Prädikat estão no mais alto nível do sistema de vinhos da Alemanha. O sistema alemão destaca a prioridade de cultivo das uvas do país: a maturação — que nunca é garantida em um clima frio — é o objetivo principal.

PAPO DE ESPECIALISTA

A lei alemã para os vinhos divide os vinhos com Prädikat em seis níveis. Da menos madura à mais madura (isto é, em ordem crescente), são elas:

- Kabinett;
- Spätlese (pronuncia-se *chpatlése*);
- Auslese (pronuncia-se *auslése*);
- Beerenauslese (pronuncia-se *bíren aus lése*), abreviado como *BA*
- Eiswien (pronuncia-se *áisváin*);
- Trockenbeerenauslese (pronuncia-se *tróquen bíren aus lése*), abreviado como TBA.

LEMBRE-SE

Nos três níveis mais altos de Prädikat, a quantidade de açúcar nas uvas é tão alta que os vinhos são, invariavelmente, doces. Muitas pessoas, portanto, acreditam, de maneira errada, que o nível de Prädikat de um vinho alemão seja uma indicação da doçura do vinho. Na verdade, o Prädikat é uma indicação da quantidade de açúcar nas *uvas da colheita*, não da quantidade de açúcar no vinho. Nos níveis mais baixos de Prädikat, o açúcar das uvas pode fermentar completamente, até acabar e, para estes vinhos, não há relação entre o nível de Prädikat e a doçura do vinho.

Vinhos cuja maturação (da uva) lhes rende um Prädikat são categorizados como QmP (*Qualitästwein mit Prädikat*), traduzido como *vinhos de qualidade com atributos especiais* (sua maturação). Eles são vinhos QWPSR aos olhos da UE. Quando a maturação das uvas em um vinhedo específico não é suficiente para conferir ao vinho um Prädikat, ele ainda pode qualificar-se como "vinho de qualidade" no segundo nível de QWPSR alemão, chamado QbA (*Qualitätswein bestimmter Anbaugebiet*), traduzido como *vinho de qualidade de uma região especial*. Geralmente, apenas o termo *Qualitätswein* aparece nos rótulos de vinhos QbA, sem as palavras *bestimmter Anbaugebiet* — e o nome da região aparece sempre.

Menos de 10% da produção de vinhos da Alemanha faz parte das categorias de vinho de mesa *Landwein* (vinhos de mesa com indicação geográfica) ou *Deutscher Tafelwein*. A maioria dos vinhos alemães baratos encontrados nas lojas é de vinhos QbA.

Seco, meio-seco ou suave

A percepção comum dos vinhos alemães é a de que são todos doces. Porém, muitos são secos ou um pouco secos. Embora, genericamente, prefiramos vinhos brancos secos, achamos que um pouco de doçura nos vinhos alemães pode ser interessante — e, na verdade, pode até melhorar sua qualidade. Isso porque a doçura corta a acidez natural do vinho, conferindo mais equilíbrio. Na verdade, a maioria dos vinhos alemães secos não tem o gosto tão doce quanto parece, graças à sua acidez.

É possível fazer uma boa inferência sobre a doçura de um vinho alemão pela graduação alcoólica apresentada no rótulo. Se a graduação alcoólica for baixa — 9% ou menos — o vinho provavelmente contém açúcar da uva que não fermentou e, portanto, é doce. Níveis mais elevados de álcool sugerem que as uvas fermentaram completamente, até o vinho ficar seco.

Um método através do qual os fabricantes alemães mantêm a doçura de seus vinhos é chamado de *sussreserve* (reserva doce). Neste método, um produtor retém até 25% de seu suco de uvas e não permite que ele fermente. Em seguida, ele fermenta totalmente o restante do mosto, até obter um vinho seco. Depois, ele mistura o mosto de uva não fermentado em seu vinho seco. O suco de uva (o sussreserve) dá uma doçura natural ao vinho.

O que há de nobre na podridão?

Os conhecedores de vinho do mundo todo reconhecem que os vinhos alemães doces, de sobremesa, estão entre os melhores vinhos da face da Terra. A maioria destes vinhos lendários deve sua doçura a um fungo feio, porém, mágico, conhecido como *botrytis cinerea*, comumente chamado de *podridão nobre*.

Os vinhos dos níveis Prädikat BA e TBA geralmente são feitos totalmente de uvas infectadas com a podridão nobre (chamadas de uvas *botrytisadas*) e são, de modo geral, ricos em textura e doces. Os vinhos do nível *auslese* geralmente são feitos parcialmente com uvas botrytisadas e, quando este é o caso, geralmente são doces, embora nunca cheguem a ser um BA ou um TBA. Outra maneira com que a natureza pode contribuir com uma doçura exótica aos vinhos alemães é congelando as uvas na videira no início do inverno. Os Eiswein são diferentes dos BA e TBA, pois não têm um sabor característico derivado dos botrytis, às vezes descrito como tendo um sabor de mel.

Regiões viníferas da Alemanha

A Alemanha tem 13 regiões viníferas — 11 no oeste e 2 na parte leste do país (veja a Figura 11-2).

As mais famosas entre estas 13 regiões são a região de Mosel-Saaer-Ruwer, batizada assim por causa do Rio Mosel e dois de seus afluentes, onde ficam seus vinhedos; e a região de Rheingau, junto ao Rio Rhine. O Rio Rhine empresta seu nome a outras três regiões viníferas da Alemanha: Rheinhessen, Pfalz (antes chamada de Rheinpfalz) e a pequena região de Mittelrhein.

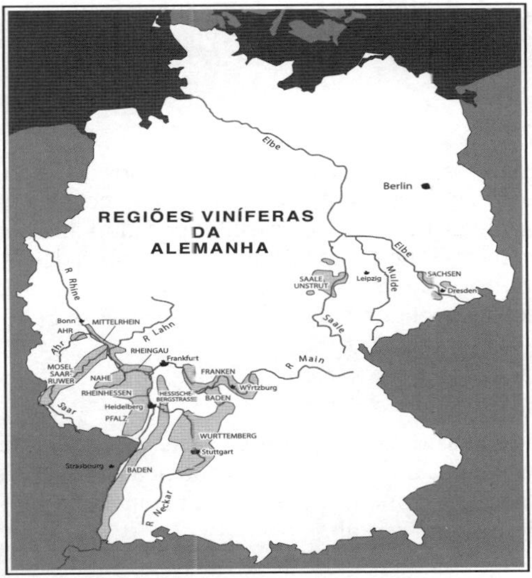

Figura 11-2: Regiões viníferas da Alemanha.

Mosel-Saar-Ruwer

Os vinhos desta região estão entre os mais leves da Alemanha (geralmente com menos de 10% de álcool); eles são, geralmente, delicados, frescos e encantadores. A uva Riesling domina a região de Mosel-Saad-Ruwel com 57% das plantações. Os vinhos desta região podem ser reconhecidos instantaneamente por virem em garrafas verdes, ao invés das garrafas marrons que as outras regiões da Alemanha usam.

DICA

Mosel abriga dezenas de excelentes fabricantes de vinho, que produzem Rieslings muito bons. Alguns de nossos favoritos incluem, em ordem alfabética:

- Egon Müller
- Dr. Fischer
- Friedrich Wilhem Gymnasium
- Karlsmühle
- Meulenhof
- J. J. Prüm
- Reischsgraf Von Kesselstatt
- Willi Schaefer

Dr. Loosen
Maximin Grünhauser
Merkelbach
Selbach-Oster
Zilliken

Rheingau

A uva Riesling ocupa mais de 80% dos vinhedos do Reno, muitos dos quais estão em encostas voltadas para o sul, dando às uvas Riesling uma vantagem na maturação. Os estilos de vinho de Rheingau tendem a dois extremos: vinhos secos de um lado e vinhos doces de colheita tardia do outro. Produtores recomendados de Rheingau incluem Georg Breuer, Knyphausen, Franz Kuntsler, Schloss, Schönborn, Leitz e Robert Weil.

Rheinhessen

Os vinhos de mais alta qualidade de Rheinhessen vêm de Rheinterrasse, uma área de vinhedos que fica ao longo do rio. Os produtores particularmente bons desta área incluem Gunderloch, Heyl Zu Herrnsheim e Strub.

Pfalz

Pfalz ganhou um pouco mais de respeito dos apreciadores de vinho por seus vinhos brancos bastante ricos e espessos e também por seus tintos muito bons. Muller-Thurgau, Silvaner e Kerner estão entre as cepas de uva mais plantadas de Pfalz, porém, qualitativamente, Scheurebe e Blauburgunder (Pinot Noir) são importantes. Para provar o melhor de Pfalz, procure por vinhos de Dr. Bürklin-Wolf, Rainer Lingenfelder, Müller-Catoir e Basserman-Jordan.

Nahe

Os vinhos Riesling de lá são relativamente cheios e intensos. Os produtores favoritos incluem Diel, Kruger-Rumpf, Prinz zu Salm-Dahlberg e Dönnhoff.

Os Vinhos Caseiros da Suíça

Aproximadamente metade dos vinhos da Suíça são vinhos brancos; a maioria é feita com Chasselas — uma uva cultivada com muito menos distinção na Alemanha, leste da França e no Vale do Loire. Na Suíça, os vinhos Chasselas tendem a ser secos, bastante espessos e sem traços de carvalho, com sabores minerais e terrosos. Outras uvas brancas incluem Pinot Gris, Sylvaner, Marsanne, Petit Arvine e Amigne — as duas últimas são nativas da Suíça. A Merlot é uma uva vermelha importante (principalmente na região de Ticino, que fala italiano), juntamente com Pinot Noir e Gamay.

Na Suíça, existem diversos microclimas. Portanto, os estilos de vinho variam, desde os tintos e brancos relativamente encorpados a brancos delicados e firmes e os preços vão de 20 a 40 dólares. As principais regiões viníferas da Suíça incluem Vaud, Valais, Neuchâtel, Ticino e Thurgau.

Os Brancos (e Tintos) Excitantes da Áustria

A Áustria fabrica menos de 1% de todo o vinho do mundo — aproximadamente 28 milhões de caixas por ano. Os tintos são minoria, representando 25% da produção do país, já que muitas regiões viníferas da Áustria são frias demais para o cultivo de uvas tintas. Eles são encorpados a muito encorpados, geralmente condimentados, com um vívido sabor frutado — e têm, em geral, a personalidade internacional do toque do carvalho. Muitos deles são feitos com cepas de uvas bastante incomuns e nativas, como a condimentada Blaufrankish (Lemberger), a mais suave St. Laurent ou Blauer Zweigelt (um cruzamento das duas primeiras).

Os vinhos brancos da Áustria — sem considerar os vinhos de sobremesa saborosos, de colheita tardia, feitos a partir de uvas botrytisadas, extremamente maduras ou secas — são vinhos secos, que variam de leves a espessos e, geralmente, sem traços de carvalho.

A única cepa de uva mais importante do país é a branca nativa Gruner Veltliner. Seus vinhos são encorpados, porém, frescos, com textura rica e herbal ou, às vezes, com sabores condimentados e vegetais (principalmente pimenta verde). Algumas pessoas no mercado de vinhos apelidaram a Gruner Veltliner de "GruVe".

Riesling, cultivada principalmente na região da Áustria Baixa, no nordeste do país, é outra uva essencial para os vinhos de qualidade. Na verdade, alguns especialistas acreditam que os melhores vinhos da Áustria são seus Rieslings (enquanto outros preferem o Gruner Veltliner). Em algumas partes da Áustria, os vinhos são nomeados através do sistema alemão — um nome de cidade terminado em —*er*, seguido pelo nome de um vinhedo e uma variedade de uva. Em outras partes da Áustria, os nomes dos vinhos são, geralmente, um nome de uva (ou, cada vez mais, um nome de proprietário) seguido pelo nome da região.

O Ressurgimento da Hungria

De todos os países produtores de vinho do Leste Europeu que se libertaram do comunismo no final dos anos 1980 e início dos anos 1990 e limitaram a produção de vinho a vinícolas de propriedade privada, a Hungria parece ter muito potencial. Além de uma tradição na fabricação de vinhos, que data da época pré-romana, a Hungria é muito rica em variedades de uvas nativas e internacionais, e muitas terras adequadas aos vinhedos, com uma grande variedade de climas, solos e altitudes.

A Hungria produz o equivalente a 68 milhões de caixas de vinho, em sua maioria branco, por ano. A Hungria tem 22 regiões viníferas oficiais, porém, seus nomes ainda não são particularmente importantes internacionalmente. A única região vinífera húngara com fama internacional é Tokaj-Hegyalja, que leva o nome da cidade de Tokaj e deve sua reputação ao seu excelente vinho de sobremesa, Tokaji Azsu. A palavra *Azsu* refere-se às uvas botytrisadas. O vinho é feito a partir das uvas Furmint e Harslevelu, ambas castas brancas nativas e, às vezes, a partir da uva Muscat, infectadas pelo botrytis. Esta região também produz vinhos secos de mesa, como o varietal Tokaji Furmint.

Os vinhos Tokaji Azsu são rotulados com três, quatro, cinco ou seis Puttonyos, de acordo com sua doçura, sendo que os vinhos com seis Puttonyos são os mais doces. *Puttonyos* são cestos utilizados para colher as uvas botytrisadas, e também, uma medida de doçura. Todos os vinhos Tokaji Azsu são vendidos em garrafas de 500 ml e seu preço varia de 35 a 150 dólares por garrafa, dependendo de seu nível de doçura. Alguns têm uma personalidade mais fresca, mais frutada e vibrante, há também aqueles que parecem defumados e possuem tanino dos barris novas de carvalho; e alguns têm notas não frutadas, complexas como folhas de chá ou chocolate. Esta variação de estilos deve-se, principalmente, às diferentes técnicas de fabricação entre os produtores.

O Tokaji Azsu tem um método de produção complicado, que envolve a utilização de uma determinada quantidade de uvas botytrisadas (que são comprimidas em uma massa) e também com uvas saudáveis, sem mofo; quanto mais uvas mofadas são usadas, mais doce será o vinho. Alguns dos pontos em que os fabricantes de vinhos discordam na produção — além das questões normais da mistura de uvas — incluem:

- O que as uvas botytrisadas absorvem para criar o líquido que fermenta para produzir o vinho final: vinho parcialmente fermentado ou simplesmente suco (seja qual for o caso, a partir de uvas sem mofo).
- Se o vinho deve maturar em barricas de carvalho novas ou antigas.
- Se o vinho deve ser exposto ao oxigênio durante o envelhecimento (deixando bolsões de ar nos barris).

A Glória Que É a Grécia

A Grécia nunca parou de produzir vinhos durante todos estes séculos, mas sua indústria vinífera tomou o caminho mais demorado, foi impedida pelo governo turco, por turbulências políticas e outras questões. A era moderna da fabricação de vinhos da Grécia começou apenas nos anos 1960 e deu passos particularmente fortes na última década. Seus vinhos são, predominantemente, brancos (60%); alguns deles são vinhos doces de sobremesa, mas a maioria é seca. Dentre as diversas cepas nativas de uva da Grécia, quatro em particular se destacam como as mais importantes — duas cepas brancas e duas tintas:

- **Assyrtiko**: uma cepa branca, que produz vinhos delicados, bastante secos, firmes e bastante longevos, com aromas e sabores cítricos e minerais. Embora a variedade Assyrtiko seja cultivada em várias partes da Grécia, os melhores vinhos Assyrtiko vêm da ilha vulcânica de Santorini. Qualquer vinho chamado Santorini é feito com pelo menos 90% de Assyrtiko.
- **Moschofilero**: uma cepa de casca rosa bastante aromática, que produz tanto vinhos brancos secos quanto rosé pálidos e

secos, é cultivada, principalmente, perto de Mantinia, na região central e montanhosa do Peloponeso. Se um vinho tem o nome de Mantinia, ele deve ter pelo menos 85% de Moschofilero.

Os que são feitos a partir desta uva são altamente ácidos e com baixa graduação alcoólica, com aroma e sabor de damascos e/ou pêssegos. Como são muito fáceis de beber, os Moschofilero são uma ótima introdução aos vinhos gregos.

- **Agiorghitiko**: o nome destas uvas pode ser traduzido como "São Jorge" (Saint George, em inglês). É a casta tinta nativa mais cultivada e, provavelmente, mais importante da Grécia. Ela cresce em todo o continente. Suas terras de origem, onde ela realmente se supera, ficam no distrito de Nemea, na região do Peloponeso; qualquer vinho chamado de Nemea é feito integralmente com Agiorghitiko. Os vinhos desta variedade têm cor média a profunda, aromas e sabores complexos de ameixas e/ou groselhas-pretas e, geralmente, lembram vinhos feitos com Cabernet Franc ou Merlot condimentada. A Agiorghitiko também pode ser cortada com outras variedades nativas ou internacionais.
- **Ximonavro**: a mais importante casta tinta da região da Macedônia, no norte da Grécia. A uva Ximonavro produz vinhos altamente tânicos, com acidez considerável, que são comparados aos vinhos Nebbiolo de Piemonte, na Itália. Os vinhos feitos à partir da uva Ximonavro têm aromas complexos, condimentados, geralmente sugerindo tomates secos, azeitonas e/ou frutas silvestres. Os vinhos Ximonavro têm cor escura, mas que fica mais suave com o envelhecimento e são muito longevos. Seu lar é o distrito de Naoussa, na Macedônia; qualquer vinho que leve o nome Naoussa é feito totalmente à partir da uva Ximonavro.

Algumas das regiões viníferas da Grécia, cujos nomes você poderá ver nos rótulos, incluem:

- **Macedônia:** a parte mais ao norte da Grécia produz, o vinho Naoussa;
- **Peloponeso:** os vinhos que devem ser mencionados incluem o tinto suave Nemea; os brancos secos Patras e Mantinia, e

os vinhos doces Mavrodaphne de Patras (tinto) e Muscat de Patras (branco);

- **Creta:** produz vinhos brancos e tintos, muitos dos quais levam o nome de sua variedade de uva juntamente com o nome Creta;
- **Outras ilhas gregas:** além de Creta, as quatro ilhas mais importantes na produção de vinho são: Santorini, Rhodes, Samos e Cefalônia;

Muitos vinhos gregos, atualmente, têm ótima qualidade, principalmente os provenientes de vinícolas pequenas e independentes. A seguir, alguns de nossos produtores gregos preferidos (listados por ordem alfabética e separados por região):

- Da Macedônia: Propriedade Alpha, Domaine Gerovassilou, Propriedade Kir Yanni e Vinhedos Tsantali-Mount Athos;
- Do Peloponeso: Vinhedos Antonopoulos, Propriedade Gaia (também com vinícolas em Santorini), Katogi & Strofilia (também opera na Macedônia), Propriedade Mercouri, Vinícola Papantonis, Domaine Skouras, Domaine Spiropoulos e Domaine Tselepos;
- Das ilhas: Propriedades Boutari (seis propriedades espalhadas pela Grécia, inclusive em Creta e Santorini), Gentilini (em Cefalônia) e Domaine Sigalas (Santorini).

A Grécia faz parte da União Europeia, e seu sistema de denominações para vinhos, portanto, está em conformidade com a estrutura dupla da UE. No nível superior (QWPSR), a Grécia tem duas categorias:

- AOQS, *Appellation d'Origine de Qualité Supérieure* (sim, isto é francês!) para vinhos secos e doces;
- AOC, *Appellation d'Origine Contrôlée*, para vinhos de sobremesa e vinhos fortificados.

Os vinhos de mesa com indicação geográfica são chamados de *vins de pays* (vinhos regionais). Muitos dos melhores vinhos gregos, na verdade, têm denominação *vins de pays*. Outros termos com definições formais sob as normas gregas para os vinhos incluem *reserve* (vinhos QWPSR com pelo menos dois anos de envelhecimento, tanto para vinhos brancos quanto para tintos), *grande reserve* (um ano a mais de envelhecimento), e *cava* (um vinho de mesa — na UE, ele está na categoria mais baixa das denominações — com os mesmos requisitos de envelhecimento do reserve).

Parte IV

Descobrindo o Novo Mundo do Vinho

A 5ª onda por Rich Tennant

"Sr. Rodolfo Azedo! Sr. Rodolfo Azedo ! Está chegando um carro! Está chegando um carro e ele não parece estar perdido!"

Nesta parte...

Assim como Colombo em 1492, saímos navegando para o continente da oportunidade, onde os produtores de vinho cultivam as uvas que querem e produzem vinhos frescos, modernos e saborosos, que empolgam os apreciadores de vinhos.

Esta parte tem apenas dois capítulos, mas os países neles representados são os melhores no mercado de vinhos — Estados Unidos, Austrália, Nova Zelândia, Chile, Argentina e África do Sul, por exemplo. Nós o guiaremos pelos caminhos dos vinhos mais excitantes e explicaremos o que os torna especiais.

Capítulo 12

Surge o Hemisfério Sul

Neste Capítulo

- Esquentando: os vinhos australianos
- Descobrindo novos vinhos na Nova Zelândia
- Acontecendo no Chile e na Argentina
- Progredindo na África do Sul

Neste capítulo, falaremos dos vinhos das Américas do Norte e do Sul, África do Sul, Austrália e Nova Zelândia. O nome utilizado com mais frequência nos círculos da "Não Europa" é *Novo Mundo*. Sem dúvida, essa frase, com seu toque de colonialismo, foi cunhada por um europeu. A Europa, lar de todas as regiões viníferas clássicas do mundo, produtora de mais de 60% do vinho do mundo todo, é o Velho Mundo. Todo o resto é novo-rico.

O Poder do Vinho Australiano

A Austrália não tem uvas nativas. As vinhas viníferas chegaram ao país pela primeira vez em 1788, vindas da África do Sul. Inicialmente a maioria dos vinhos australianos era rica e doce, muitas eram fortificadas, porém, atualmente a Austrália é famosa por seus vinhos tintos e brancos frescos e frutados, que conseguem ser bastante consistentes em termos de qualidade. Atualmente, a Austrália está em sexto lugar do mundo em produção de vinho — fabricando pouco mais da metade da quantidade produzida pelos Estados Unidos — e em quarto lugar nas exportações.

A Austrália tem aproximadamente duas mil vinícolas. Muitas delas são pequenas, de propriedade familiar, porém, quatro mega-empresas — Foster's Wine Group, Constellation Wines, Pernod Ricard e McGuian

Simeon Wines — juntamente com uma vinícola de propriedade familiar, Casella Wines, são responsáveis por aproximadamente dois terços da produção australiana de vinhos.

Fabricação de vinhos, uvas e terroir

O sucesso dos vinhos australianos se deve ao clima, em geral, quente e seco, que fornece aos produtores uma excelente matéria prima para seu trabalho. Os programas de pesquisa do país com relação ao cultivo de uvas e fabricação de vinhos também contribuem bastante, pois permitem que os fabricantes fiquem na vanguarda de seu ofício.

A uva número um da Austrália para produção de vinhos é a Syrah, também chamada de *Shiraz*, seguida pela Cabernet Sauvignon, Chardonnay, Merlot, Sémillon, Pinot Noir, Riesling e Sauvignon Blanc. Em geral, os vinhos são rotulados com o nome da variedade de uva, que deve contribuir com pelo menos 85% do vinho.

DICA

Os vinhos Shiraz são particularmente interessantes, pois vêm em vários estilos, desde os vinhos baratos, mais parecidos com sucos, beirando o sabor de ameixa madura e framboesa, até os vinhos sérios, que expressam características regionais específicas, como condimentos e pimenta das áreas com o clima mais frio (como o Vale Yarra e as Adelaide Hills) ou uma maturação frutada mais doce das áreas mais quentes (como o Vale McLaren, Barossa e Clare).

Os vinhos da Austrália têm duas faces diferentes:

- A maioria dos vinhos australianos dos mercados de exportação é de vinhos varietais baratos, vendidos a 10 dólares ou menos por garrafa. Em geral, estes vinhos são rotulados simplesmente como provenientes do *Sudeste da Austrália*, significando que as uvas possam ter vindo de qualquer um dos três estados, um território enorme. Em geral, ostentando rótulos elaborados, eles são vinhos amigáveis, que preservam os sabores intensos de suas uvas e são suaves e agradáveis se forem consumidos jovens.

- Os vinhos mais caros carregam designações regionais mais concentradas, como um só estado (South Australia ou Victoria, por exemplo) ou mesmo designações de regiões mais específicas (como Coonawarra ou Vale Yarra). Embora estes vinhos possam ser apreciados logo após o lançamento, eles também são vinhos mais sérios, que podem envelhecer. Atualmente, a Austrália tem 60 regiões viníferas e mais de 100 Geographic Indications (GIs) (Indicações Geográficas).

Regiões viníferas da Austrália

O estado mais importante da Austrália em produção de vinhos é South Australia, cuja capital é Adelaide (veja a Figura 12-1). South Australia produz aproximadamente 50% de todo o vinho da Austrália e muitos deles estão entre os melhores do país. Entre estas regiões viníferas estão:

- **Vale Barossa:** ao norte de Adelaide, uma das áreas mais antigas da Austrália para a produção de vinhos; é famosa, especialmente, por seus robustos Shiraz, Cabernet Sauvignon e Grenache, bem como ricos Sémillon e Riesling.
- **Vale Clare:** produz os melhores Rieslings do país, em estilo seco e pesado, porém, firme, bem como ótimos Shiraz e Cabernet Sauvignon.
- **Vale McLaren:** é particularmente admirada pelos seus Shiraz, Cabernet, Sauvignon Blanc e Chardonnay.
- **Adelaide Hills:** é o lar de bons Sauvignon Blanc, Chardonnay, Pinot Noir e Shiraz.
- **Limestone Coast:** região de vinho fino, tanto tinto quanto branco, graças à predominância do calcário no solo. Duas das seis regiões que ficam em Limestone Coast são famosas por uma razão — **Coonawarra** por alguns dos melhores vinhos Cabernet Sauvignon da Austrália, e **Padthaway**, por seus vinhos brancos, principalmente Chardonnay, Sauvignon Blanc e Riesling.

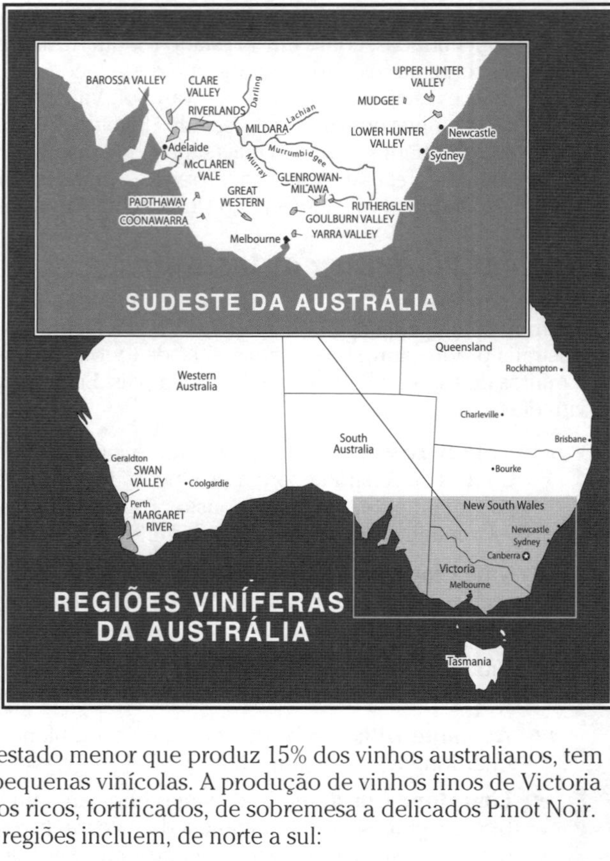

Figura 12-1: Regiões viníferas da Austrália.

Victoria, um estado menor que produz 15% dos vinhos australianos, tem mais de 500 pequenas vinícolas. A produção de vinhos finos de Victoria varia de vinhos ricos, fortificados, de sobremesa a delicados Pinot Noir. As principais regiões incluem, de norte a sul:

- **Rio Murray:** esta região é particularmente importante por cultivar uvas para os vinhos de boa qualidade da Austrália.
- **Rutherglen:** é o lar de uma especialidade australiana, os vinhos fortificados de sobremesa Muscat e Tokays.
- **Vale Goulburn:** é conhecido, principalmente, por seus tintos espessos, principalmente Shiraz.

- **Heathcote:** produzem Shiraz e Cabernet distintos e ricos, porém, elegantes.
- **Vale Yarra:** Yarra é notável por seu Cabernet, Pinot Noir, Shiraz, Chardonnay e Sauvignon Blanc.
- **Península de Mornington e Geelong:** estas duas regiões marítimas e frias são especializadas em Pinot Noir e Chardonnay finos.

New South Wales, com sua capital Sydney, é o primeiro estado australiano a cultivar vinhas; atualmente, ele produz 31% do vinho da Austrália. A alta produção de vinhos para o dia a dia vem de uma área do interior, chamada Riverina. Os vinhos finos, por enquanto, vêm de outras três áreas:

- **Vale Hunter:** o Baixo Hunter, com clima quente e úmido e solos pesados, produz um longevo Sémillon como seu melhor vinho. O Alto Hunter é uma área mais seca, mais longe da costa.
- **Mudgee:** é especializada em vinhos tintos, como Merlot e Cabernet Sauvignon, mas também produz Chardonnay.
- **Orange:** produz vinhos brancos distintos e tintos muito bons.
- **Margaret River:** entre os vinhos que são especialidades das diversas vinícolas estão as misturas de Sauvignon Blanc-Sémillon (principalmente Cape Mantelle), Chardonnay (principalmente na Propriedade Leeuwin) e Cabernet Sauvignon (de Mosswood, Voyager, Cape Mantelle e Howard Park).
- **Great Southern:** a especialidade de Great Southern é o Riesling firme e longevo. Esta enorme e diversa região produz um Cabernet Sauvignon intenso e aromático, bem como Shiraz e Chardonnay finos; na costa sul, o Pinot Noir é bem sucedido.

A Ascensão da Nova Zelândia

As uvas tintas são cultivadas nas proximidades da capital, Auckland, no norte, e nas proximidades da Baía de Hawkes (conhecida especialmente por seu Cabernet Sauvignon), mais ao sul de North Island. Muller-Thurgau, Chardonnay e Sauvignon Blanc são as principais castas da ilha. Martinborough, um distrito mais frio localizado na ponta sul de North Island, produz um ótimo Pinot Noir. Na Ilha Sul, Marlborough é a principal área de produção de Chardonnay e, principalmente, Sauvignon Blanc Nova Zelândia. Os primeiros Sauvignon Blancs do país a serem exportados eram, em geral, vinhos não acarvalhados com sabor pronunciado, textura rica e acidez alta. Eles eram muito distintos — pungentes, herbáceos, com sabores intensos sugerindo aspargos, lima ou grama cortada. Este estilo de Sauvignon Blanc da Nova Zelândia ainda é muito popular no mundo inteiro. Eles são os "Kiwi" (como são chamados, por serem um dos maiores produtores de kiwi do mundo) Sauvignon Blanc menos caros, vendidos por 12 a 18 dólares, e muitos podem custar 15 dólares.

Outro estilo de Sauvignon Blanc da Nova Zelândia evoluiu na última década. Mais maduro, menos assertivo e mais suave em textura, este estilo, em geral, é obtido com a utilização de barricas de carvalho e/ou do corte com Sémillon. Os Sauvignon Blanc mais maduros, frutados e menos herbáceos da Nova Zelândia, em geral, são rotulados como vinhos "Reserva" ou com o nome de um único vinhedo. Em geral, são vendidos por 18 a 30 dólares.

O Pinot Noir é cada vez mais significativo na Nova Zelândia. Além de sua base em Martinborough, em na Ilha Norte, o Pinot Noir está sendo fabricado em Marlborough e em toda Ilha Sul, e esta uva ultrapassou a Cabernet Sauvignon como a variedade tinta mais cultivada da Nova Zelândia. As Pinot Noirs da Nova Zelândia variam em sabor de acordo com a região: os vinhos de Martinborough, por exemplo, são um pouco mais saborosos e minerais do que os de Marlborough, que tendem a ser suaves e frutados. Em tempo, conforme os produtores de cada região refinam seu estilo, as diferenças regionais devem se tornar cada vez mais evidentes.

Quatro grandes produtores dominam a produção de vinhos da Nova Zelândia: Montana (vendido nos Estados Unidos com o rótulo Brancott, para evitar confusão com o estado de Montana), Corbans, Villa Maria e Nobilo. Porém, nos últimos 20 anos, diversas vinícolas pequenas surgiram, principalmente na Ilha Sul, e elas produzem um vinho excelente.

O Chile se Revela

Os espanhóis estabeleceram vinhedos no Chile pela primeira vez em meados do século XVII e, desde então, o país vem mantendo uma indústria vinífera próspera para seu mercado local há vários séculos.

O que *é* novo com relação ao Chile, no entanto, é o crescimento de sua indústria vinífera desde meados dos anos 1980, o rápido desenvolvimento de um mercado forte na exportação e sua mudança na direção das castas francesas de uvas, como Cabernet Sauvignon, Merlot e Chardonnay — e uma cepa de Bordeaux tinta quase esquecida chamada Carmenère, que certamente está no páreo, correndo por fora.

Regiões viníferas do Chile

Inicialmente considerado o local ideal para plantar uvas, o Vale Maipo faz parte do grande Vale Central do Chile, que fica entre a costa e os Andes. A maioria dos vinhedos ainda está no Vale Central, mas, atualmente, também há vinhedos em outras regiões do Chile.

De norte a sul, segue um resumo das regiões viníferas do Chile atualmente, antigas e novas:

- **Vale Limari:** as três maiores vinícolas do Chile, Concha y Toro, San Pedro e Santa Rita, compraram terras em Limari. Os vinhos promissores, até agora, são Sauvignon Blanc, Chardonnay e Syrah. Esta é uma das regiões mais emergentes do país.
- **Vale do Aconcagua:** a Cabernet Sauvignon cresce muito bem lá e, mais recentemente, a Syrah também se deu muito bem. Viña Errázuriz é a vinícola mais importante do Vale do Aconcagua.
- **Vale Casablanca:** algumas das melhores Chardonnays e Sauvignon Blancs são cultivadas em uma parte de Casablanca, enquanto bons Merlots e Pinot Noirs vêm de uma parte mais montanhosa. Veramonte é a vinícola mais conhecida de Casablanca, mas muitas outras têm vinhedos nesta região.
- **Vale San Antonio:** é indiscutivelmente, a nova região mais empolgante do Chile. Pinot Noir e Syrah estão se desenvolvendo especialmente bem nestas encostas frias e íngremes. Produzindo um dos melhores Pinot Noirs fora da Borgonha e um ótimo Syrah. A Viña Matetic é a vinícola a ser procurada no Vale San Antonio.
- **Vale Maipo:** é o lar da maioria das vinícolas do país. Concha y Toro, Santa Rita e Almaviva são alguns produtores premium de Maipo. Cabernet Sauvignon é o rei desta região, e o Merlot também vai muito bem.

- **Vale Cachapoal:** mais próximo dos Andes, é uma região de vinhos tintos, forte em Merlot e Cabernet Sauvignon. Morandré e Altair são duas vinícolas em ascensão por lá.
- **Vale Colchagua:** Carmenère, Cabernet Sauvignon, Merlot e Syrah crescem excepcionalmente bem neste lugar. As duas principais vinícolas de Colchagua são Casa Lapostolle e Montes.
- **Vale Curicó:** devido aos seus diversos micro climas, as variedades brancas e vermelhas são cultivadas lá. A grande Vinícola São Pedro e Viña Miguel Torres ficam em Curicó.
- **Maule:** por ser tão enorme, tem diversos micro climas e tanto as variedades vermelhas quanto as brancas crescem bem, principalmente Sauvignon Blanc, Cabernet Sauvignon e Merlot. Viña Calina é a vinícola mais famosa de Maule.

O rosto e o gosto dos vinhos

Estilisticamente, os vinhos chilenos, de modo geral, não têm a frutação exuberante dos vinhos californianos e australianos. Também não são tão sutis e suaves como os europeus. Embora os vinhos tintos sempre tenham sido a força do Chile, atualmente, os vinhos brancos, principalmente os das regiões mais frias, são muito bons. Em geral, os Sauvignon Blancs do Chile não são acarvalhados, enquanto a maioria dos Chardonnays é.

BARGANHA

Os preços razoáveis dos vinhos básicos — entre 6 e 10 dólares nos Estados Unidos — os tornam excelentes aquisições. As vinícolas mais importantes do mercado exportador incluem, em ordem alfabética, Calina, Caliterra, Carmen, Casal Lapostolle, Concha y Toro, Cousiño Macul, Errázuriz, Haras de Pirque, Los Vascos, Mont Gras, Montes, Santa Carolina, Santa Rita e Undurraga. Viña Matetic, uma estrela em ascensão do Vale San Antonio, está começando a surgir nos mercados de exportação.

O novo desafio do Chile é produzir vinhos de boa qualidade juntamente com seus varietais baratos. Muitos dos principais produtores agora produzem um vinho tinto super premium, com preços entre 45 e 90 dólares. Estes tintos da elite chilena são, em geral, cortes e não vinhos varietais, e muitos têm estilo similar às linhas internacionais.

DICA

Fique de olho em alguns vinhos tintos super premium do Chile:

- Concha y Toro Don Melchor Cabernet Sauvignon (aproximadamente 45 dólares)
- Errázuriz Don Maximiano Founder's Reserve (principalmente Cabernet Sauvignon, aproximadamente 50 dólares)
- Albis, um vinho proveniente de uma fusão entre a vinícola chilena Haras de Pirque e a companhia italiana Antinori (Cabernet Sauvignon e Carmenère, aproximadamente 52 dólares)
- Montes Alpha M (um "corte bordales" — estilo Bordeaux —, aproximadamente 75 dólares)
- Almaviva (um tinto macio e sutil, principalmente de Cabernet Sauvignon com Carmenère e Cabernet Franc, aproximadamente 90 dólares)
- Casa Lapostolle Clos Apalta (uma mistura de Carmenère, Merlot e Cabernet Sauvignon, aproximadamente 80 dólares)
- Seña, de uma propriedade no Aconcagua que, originalmente, era uma parceria entre as famílias Robert Mondavi e Eduardo Chadwick (da Viña Errázuriz) e que, agora, é de propriedade dos Chadwicks (Cabernet Sauvignon, Merlot e Carmenère, aproximadamente 65 dólares)

Argentina, um Jogador da Primeira Divisão

A Argentina produz cerca de quatro vezes a quantidade de vinho do Chile. Ela tem a maior produção vinífera da América do Sul e a quinta maior produção do mundo. As uvas viníferas crescem na Argentina desde meados do século XVI, assim como no Chile. Mas a origem das vinhas da Argentina foi mais diversa. Por exemplo: muitas vinhas foram trazidas pelos vários imigrantes italianos e bascos. Como resultado, a Argentina tem castas de uva como Bonarda e Malbec.

Regiões e uvas

As regiões viníferas da Argentina estão situadas, principalmente, na parte oeste do país, onde os Andes fazem a fronteira da Argentina com o Chile. A alta altitude deixa o clima temperado, mas os vinhedos ainda são bastante quentes durante o dia, frios à noite e secos como o deserto. Os rios fluem a partir dos Andes e levam a água da irrigação.

Grande parte dos vinhedos da Argentina está no estado de Mendoza, a maior região vinífera da Argentina. Dentro da região de Mendoza, existem vários distritos viníferos (seus nomes às vezes aparecem nos rótulos) como Maipú, San Martín, Tupungato e Luján de Cuyo. San Juan é a segunda maior região vinífera da Argentina. La Rioja, a mais antiga região de produção de vinhos, fica a leste de San Juan.

San Juan é particularmente famosa pela Torrontés, uma casta que, provavelmente, é nativa da Galícia, na Espanha. Ela produz um vinho branco barato (de 6 a 10 dólares), leve, altamente ácido e aromático, que é um dos principais vinhos brancos da Argentina. Ele combina muito bem com aperitivos, frutos do mar e peixes.

Os vinhos tintos argentinos têm, em geral, mais qualidade do que os brancos. A pouco conhecida casta Malbec — agora usada raramente em Bordeaux, onde se originou — surgiu como a principal casta da Argentina. A uva Malbec adaptou-se extremamente bem à região de Mendoza e os fabricantes de vinho estão aprendendo como ela varia nas sub-regiões de Mendoza.

Nomes para conhecer

Produtores argentinos que recomendamos incluem Bodega Norton, Bodega J. & F. Lurton, Bodegas Salentein, Bodega Weinert, Trapiche, Catena Zapata, Etchart, Finca Sophenia, Achaval Ferrer, Pascual Toso, Michel Torino, Las Terrazas, Navarro Corras, Santa Julia, El Portillo, Dona Paula e Valentín Bianchi. Alguns vinhos básicos da Argentina têm o mesmo preço dos vinhos chilenos, entre 6 e 10 dólares, mas algumas vinícolas fabricam vinhos mais caros, entre 18 e 20 dólares.

Safári de Vinhos na África do Sul

No final do século XVIII, a África do Sul produzia um delicioso vinho fortificado chamado Constantia, que foi muito procurado pelas cortes reais europeias. O país começou a concentrar-se seriamente na produção de vinhos de mesa somente nos anos 1980. Atualmente, a África do Sul está em nono lugar na produção mundial de vinhos.

As principais regiões viníferas da África do Sul

A África do Sul tem algumas áreas de vinhedo com micro climas frios, principalmente perto da costa sul (próximo ao Cabo da Boa Esperança) e em altas altitudes, mas o clima na maioria das regiões viníferas é quente e seco. A Legislação de Origem dos Vinhos da África do Sul, de 1973, criou várias regiões viníferas, distritos e bairros. Quase todos os vinhedos do país ficam perto da costa noroeste, na Província do Cabo, a 145 quilômetros da Cidade do Cabo, a cidade mais fascinante e pitoresca do país.

Os cinco principais distritos — principalmente na Região Costeira — são:

- **Constantia:** a mais antiga região produtora de vinhos do país.
- **Stellenbosch:** o mais importante distrito vinífero em quantidade e em qualidade.
- **Paarl:** é o segundo distrito vinífero mais importante.
- **Vale Franschhoek:** um subdistrito de Paarl; lá existem muitos fabricantes inovadores de vinho.
- **Robertson:** é o único distrito principal que fica fora da Região Costeira; uma área quente e seca, conhecida principalmente por seus Chardonnays.

A pequena e fria área de Hermanus/Baía Walker, que margeia o Oceano Índico, também está se mostrando promissora com Pinot Noir e Chardonnay, liderada pela inovadora Vinícola Hamilton Russel. Um distrito vinífero recém-adicionado (o 11º), Elgin é promissora devido aos seus Sauvignon Blancs e Pinot Noirs saborosos. A mais nova área promissora é Darling Hills, ao norte da Cidade do Cabo, liderada por uma próspera vinícola, a Groote Post.

Steen, Pinotage e companhia

A casta mais plantada na África do Sul é a Chenin Blanc, chamada de *Steen*. Esta uva versátil produz, principalmente, vinhos meio-secos a meio-doces, bem como vinhos secos, espumantes, vinhos de colheita tardia e rosés. Cabernet Sauvignon, Merlot, Shiraz e Pinot Noir tornaram-se cepas tintas cada vez mais importantes, enquanto Sauvignon Blanc e Chardonnay são cepas brancas populares. Cabernet Sauvignon e Sauvignon Blanc se adaptaram particularmente bem ao clima sul-africano. Por último, temos a sul-africana Pinotage, uma uva nascida de um cruzamento entre Pinot Noir e Cinsaut (a mesma Cinsault do Rhône) em 1925.

Capítulo 13

América, América

Neste Capítulo

- Conhecendo os Pinots do Oregon
- Chegando a Washington com o Senhor Tinto
- Gelando Canadá

Neste capítulo, falaremos sobre os vinhos americanos, prestando mais atenção às regiões viníferas especiais da Califórnia, mas conhecendo também Oregon, Washington e Nova York. Finalizaremos com uma rápida olhada nos vinhos promissores do Canadá.

O Novo Mundo do Vinho dos Estados Unidos

Antes de 1970, havia apenas algumas dezenas de vinícolas operando na Califórnia; atualmente, o estado tem mais de 800 (aproximadamente uma dezena é de "gigantes", mas a maioria é de operações pequenas e familiares).

O crescimento da Califórnia estimulou o interesse no vinho no país inteiro. Atualmente, existem vinícolas em todos os 50 estados dos Estados Unidos. Porém, a produção de vinhos é uma indústria importante somente em quatro deles: Califórnia (de longe, o estado que mais produz vinho), Washington, Oregon e Nova York. Atualmente, os Estados Unidos estão em quarto lugar na produção mundial de vinho — embora esteja muito atrás dos dois líderes, Itália e França.

Formas de cultivo locais

Os vinhos dos Estados Unidos — principalmente da Califórnia — são a essência do pensamento do Novo Mundo com relação aos vinhos. Os produtores operam livremente, plantando a variedade de uva que desejam, onde desejam. Eles misturam vinhos de regiões diferentes a seu bel prazer.

Os produtores estadunidenses de vinho contam com a tecnologia em seus esforços para criar vinhos com gosto de frutas. As duas universidades californianas importantes para a fabricação do vinho — California State University, em Fresno e, principalmente, a University of California, em Davis — tornaram-se líderes mundiais no estudo científico do vinho. Até mesmo os fabricantes europeus fazem excursões à Califórnia para estudar na U. C. em Davis.

Jogando de acordo com suas próprias regras

Existe um sistema de denominação nos Estados Unidos e, como o modelo francês clássico, o país define diversas regiões viníferas. Porém, o sistema americano de American Viticultural Areas (AVAs) (Áreas de Viticultura Americana) estabelece apenas os limites geográficos das zonas viníferas; ele não estipula quais variedades de uva podem ser plantadas, a produção máxima por acre, ou qualquer outra coisa que ligue a geografia a um determinado estilo de vinho. Assim, os nomes AVA, nomes das regiões de produção, obviamente têm importância secundária nos rótulos dos vinhos onde o mais importante é o nome da uva.

LEMBRE-SE

Vinhos rotulados com o nome de uma variedade de uva nos Estados Unidos devem conter, no mínimo, 75% daquela variedade de uva, de acordo com a lei federal. Os vinhos com uma indicação AVA, devem ter pelo menos 85% das uvas daquela região de viticultura. Os vinhos que levam os anos das safras devem conter pelo menos 85% da safra nomeada.

Califórnia, EUA

Os vinhos da Califórnia somam 88% da produção estadunidense. A vinícola Gallo da Califórnia é a maior do estado — na verdade, até pouco tempo atrás, era a maior empresa de vinhos do mundo — produzindo uma de cada quatro garrafas de vinho vendidas nos Estados Unidos.

Onde crescem os vinhos da Califórnia

Para a produção de vinhos finos, o desafio é encontrar áreas frias o suficiente, com solo pobre o bastante para que as uvas não amadureçam tão rápido e tão facilmente, sem o completo desenvolvimento do sabor. A proximidade da Costa Pacífica e maiores altitudes garantem climas mais frios mais do que a latitude. Portanto, os vinhos finos vêm de vinhedos de quase toda a extensão do estado.

As mais importantes áreas e distritos fabricantes de vinhos finos incluem as seguintes.

- **Costa Norte:**

  Napa Valley

  Condado de Sonoma

  Condados de Mendocino e Lake

- **Costa Centro-Norte:**

  Vales Livermore e Santa Clara (área da Baía de San Francisco)

  Montanhas Santa Cruz

  Condado de Monterey

- **Contrafortes Sierra**

- **Costa Centro-Sul:**

  Condado de San Luis Obispo

  Condado de Santa Barbara

Napa Valley: Tão Pequeno Quanto Famoso

Em 1960, o Napa Valley tinha apenas 25 vinícolas. O tamanho da região é, na verdade, muito menor que sua reputação: Napa produz menos de 5% das uvas viníferas da Califórnia. As vinícolas e vinhedos ocupam quase todo o Napa Valley. Muitos vinhedos ficam no meio do vale, alguns ficam nas montanhas a oeste (Montanhas Mayacamas) e outros, nas montanhas a leste (principalmente na Montanha Howell). Os fabricantes de vinho e plantadores de uva de Napa estabeleceram 14 AVAs além do AVA do Napa Valley e do mais amplo ainda (com seis condados) AVA da Costa Norte:

- Spring Mountain, Diamond Mountain e Mt Veeder (todos nas montanhas do oeste).
- Howell Mountain, Distrito de Stags Leap, Pico Atlas (todas áreas montanhosas a leste do Napa Valley).
- Vale Chiles (na parte mais a leste do Napa Valley).
- Distrito de Oak Knoll, Yountville, Oakville, Rutherford e St. Helena (de sul a norte na parte baixa do vale; Calistoga, um 15º AVA está em espera).
- Vale Wild Horse (no sudeste do Napa Valley).
- Los Carneros (parte no Napa Valley, parte em Sonoma).

As uvas de Napa

Quase todos os produtores de vinho de Napa produzem um Cabernet Sauvignon e um Chardonnay, e muitos produtores de Napa, agora, também fabricam Merlot.

Os seis vinhos mais importantes de Napa são dois brancos: Chardonnay e Sauvignon Blanc (geralmente rotulada com Fumé Blanc) e quatro tintos: Cabernet Sauvignon, Merlot, Pinot Noir (principalmente da fria Carneros) e Zinfandel. Porém, os vinhos de corte são feitos, geralmente, a partir de cepas de Bordeaux (Cabernet Sauvignon, Cabernet Franc, Merlot e, às vezes, Malbec e Petit Verdot). No caso dos vinhos brancos, eles são feitos, em geral, com uvas brancas de Bordeaux (Sauvignon Blanc e Sémillon). Alguns desses cortes são citados como vinhos Meritage — não apenas em Napa, mas em todos os Estados Unidos — embora poucos levem a palavra *Meritage* nos rótulos.

Quem é quem em Napa (e para quê)

A seguinte lista, em ordem alfabética, indica alguns dos melhores produtores de vinho do Napa Valley, bem como seus melhores vinhos. Nossa lista inclui os clássicos de Napa, bem como algumas preferências pessoais.

LEMBRE-SE

Embora todas as vinícolas da lista a seguir estejam situadas no Napa Valley, seus vinhos não são, necessariamente, fabricados a partir de uvas cultivadas em Napa; o nome geográfico no rótulo informa de onde são as uvas:

- **Acacia Winery:** Pinot Noir, Chardonnay.
- **Anderson's Conn Valley:** Cabernet Sauvignon, Chardonnay.
- **Araujo Estate:** Cabernet Sauvignon (Vinhedo Eisele), Syrah.
- **Beaulieu Vineyard:** Cabernet Sauvignon Private Reserve (Georges de la Tour), Cabernet Sauvignon (Rutherford).
- **Beringer Vineyards:** Cabernet Sauvignon (vinhos de um só vinhedo), Chardonnay Private Reserve, Merlot (Bancroft Ranch).
- **Bryant Family Vinery:** Cabernet Sauvignon (vinícola pequena; raro).
- **Burgess Cellars:** Zinfandel, Cabernet Sauvignon.
- **Cain Cellars:** Cain Five (cinco cepas de Bordeaux), Cain Cuvée.
- **Cakebread Cellars:** Cabernet Sauvignon, Sauvignon Blanc, Chardonnay.
- **Caymus Vineyard:** Cabernet Sauvignon (principalmente *Special Selection*).
- **Chappellet:** Chenin Blanc, Cabernet Sauvignon.
- **Charles Krug:** Cabernet Sauvignon, Chardonnay (Reservas da Família).
- **Chateau Montelena:** Cabernet Sauvignon, Calistoga, Cuvée Red, Chardonnay.
- **Clos du Val:** Cabernet Sauvignon, Sémillon, Chardonnay.
- **Corison:** Cabernet Sauvignon.
- **Cuvaison:** Chardonnay, Cabernet Sauvignon.
- **Dalla Valle:** Cabernet Sauvignon, Maya (corte de Cabernet Franc/Cabernet Sauvignon).
- **Diamond Creek:** Cabernet Sauvignon.
- **Dominus Estate:** Dominus (principalmente Cabernet Sauvignon), Napanook.
- **Duckhorn:** Merlot, Cabernet Sauvignon, Sauvignon Blanc.

- **Dunn Vineyards:** Cabernet Sauvignon (principalmente Montanha Howell).
- **Far Niente:** Cabernet Sauvignon, Chardonnay.
- **Fife Vineyards:** Zinfandel, Cabernet Sauvignon, Petite Sirah.
- **Flora Springs:** Trilogy (corte de Cabernet Sauvignon, Merlot, Cabernet Franc), Cabernet Sauvignon Reserve, Soliloquy (Sauvignon Blanc).
- **Forman Vineyard:** Chardonnay, Cabernet Sauvignon.
- **Franciscan Estate:** Chardonnay, Magnificat Red, Cabernet Sauvignon.
- **Franus Winery:** Zinfandel, Cabernet Sauvignon.
- **Freemark Abbey:** Cabernet Sauvignon (Vinhedos Bosché e Sycamore).
- **Frog's Leap Winery:** Cabernet Sauvignon, Zinfandel, Sauvignon Blanc.
- **Grace Family Vineyards:** Cabernet Sauvignon (produção pequena; só para lista de contatos).
- **Grgich Hills Cellar:** Chardonnay, Cabernet Sauvignon, Zinfandel, Fumé Blanc.
- **Groth Vineyards:** Cabernet Sauvignon (principalmente Reserve).
- **Harlan Estate:** Cabernet Sauvignon (vinícola pequena; muito raro).
- **Heitz Wine Cellars:** Cabernet Sauvignon (Martha's Vineyard).
- **Hendry Ranch:** Zinfandel (todos vinhos de um único vinhedo).
- **Hess Collection Winery:** Cabernet Sauvignon, Chardonnay.
- **Joseph Phelps Vineyards:** Insignia (corte de Cabernet), Cabernet Sauvignon.
- **Lang & Reed:** Cabernet Franc.
- **Long Vineyards:** Chardonnay, Riesling, Pinot Grigio.

- **Markham Vineyards:** Chardonnay, Merlot, Cabernet Sauvignon.
- **Mayacamas Vineyards:** Cabernet Sauvignon, Sauvignon Blanc.
- **Mount Veeder Winery:** Cabernet Sauvignon, Reserve Red.
- **Newton Vineyard:** Chardonnay, Merlot, Cabernet Sauvignon.
- **Nickel & Nickel:** Cabernet Sauvignon (todos vinhos de um único vinhedo).
- **Opus One:** Opus One (principalmente Cabernet Sauvignon).
- **Pahlmeyer Winery:** Red (corte de Cabernet), Merlot, Chardonnay.
- **Patz & Hall:** Chardonnay.
- **Pine Ridge Winery:** Cabernet Sauvignon Chardonnay.
- **Quintessa Estate:** Quintessa (corte de Bordeaux).
- **Robert Mondavi:** Cabernet Sauvignon Reserve, Pinot Noir Reserve.
- **Rubicon Estate** (anteriormente Niebaum-Coppola)**:** Rubicon (principalmente Cabernet Sauvignon), Edizone Pennino Zinfandel.
- **Rudd Estate:** Chardonnay, Sauvignon Blanc, Cabernet Sauvignon.
- **Saddleback Cellars:** Cabernet Sauvignon.
- **Saintsbury:** Pinot Noir (todas), Chardonnay.
- **Selene:** Merlot, Sauvignon Blanc.
- **Shafer Vineyards:** Cabernet Sauvignon, Merlot.
- **Silver Oak Cellars:** Cabernet Sauvignon.
- **Silverado Vineyards:** Cabernet Sauvignon, Chardonnay (Carneros).
- **Smith-Madrone:** Riesling, Chardonnay, Cabernet Sauvignon.
- **Spottswoode Winery:** Cabernet Sauvignon, Sauvignon Blanc.

- **Staglin Family Vineyard:** Cabernet Sauvignon.
- **Stag's Leap Wine Cellars:** Cask 23 (corte de Cabernet), Cabernet Sauvignon (Vinhedo Fay e SLV), Chardonnay.
- **Stony Hill Vineyard:** Chardonnay, Riesling.
- **Storybook Mountain:** Zinfandel.
- **Swanson Vineyards:** Cabernet Sauvignon, Merlot, Syrah.
- **Trefethen Vineyards:** Cabernet Sauvignon, Chardonnay, Riesling (seco).
- **Turley Wine Cellars:** Zinfandel (todos Zinfandels de um único vinhedo).
- **Turnbull Cellars:** Cabernet Sauvignon, Turnbull Red "Black Label".
- **Viader Vineyards:** Viader Red (Cabernet Sauvignon/Cabernet Franc).
- **ZD Wines:** Cabernet Sauvignon, Chardonnay.

Praticidade em Sonoma

A uma hora de San Francisco, Sonoma e Napa são semelhantes. Muitas das vinícolas de Napa são pomposas (e até mesmo luxuosas), mas a maioria em Sonoma é rústica, em estilo rural e despojado. Por outro lado, a bem-sucedida Gallo também está em Sonoma, assim como as vinícolas Sebastiani, Glen Ellen, Korbel, Kendall-Jackson, Simi e Jordan — que não são exatamente operações pequenas!

AVAs de Sonoma

Sonoma tem mais que o dobro do tamanho de Napa, é mais espalhada e tem quase o mesmo número de vinícolas — mais de 200.

A seguir, as áreas de viticultura (AVAs) do Condado de Sonoma, listadas de sul a norte, com suas principais castas de uva e vinhos:

- **Los Carneros** (parte fica no Napa Valley)**:** Pinot Noir, Chardonnay, vinhos espumantes e Merlot.

- **Vale de Sonoma:** Chardonnay (e, com menos presença, Pinot Noir, Cabernet Sauvignon e Zinfandel).
- **Montanha de Sonoma:** Cabernet Sauvignon.
- **Vale Bennett:** Chardonnay, Sauvignon Blanc, Merlot.
- **Vale Russian River:** Pinot Noir, Chardonnay, vinhos espumantes, Zinfandel.
- **Vale Verde de Sonoma** (dentro do Vale Russian River): vinhos espumantes, Chardonnay, Pinot Noir.
- **Chalk Hill** (dentro do Vale Russian River): Chardonnay, Sauvignon Blanc.
- **Vale Dry Creek:** Zinfandel, Cabernet Sauvignon.
- **Vale Alexander:** Cabernet Sauvignon, Chardonnay, Sauvignon Blanc.
- **Knight's Valley:** Cabernet Sauvignon, Sauvignon Blanc.
- **Rockpile** (uma AVA nova, na parte noroeste do condado): Zinfandel, Cabernet Sauvignon, Syrah, Petite Sirah.

Os amantes de Pinot Noir devem procurar por vinhos dos produtores do Vale Russian River, como Williams & Selyem, Rochioli, Gary Farrell, Lynmar e Dehlinger. Concordamos com quem diz que o Vale Russian River é a fonte de alguns dos melhores Pinot Noir do Novo Mundo.

Produtores e vinhos de Sonoma

A lista a seguir de produtores recomendados inclui algumas das melhores vinícolas de Sonoma, listadas em ordem alfabética, juntamente com seus melhores vinhos. Ela é um *pouco* menos surpreendente que a lista de Napa.

- **A. Rafanelli Winery:** Zinfandel, Cabernet Sauvignon (lista de contatos).
- **Arrowood Vineyards:** Chardonnay, Cabernet Sauvignon, Syrah.
- **B. R. Cohn:** Cabernet Sauvignon (Vinhedo Olive Hill).

- **Benziger Family Winery:** Cabernet Sauvignon, Sauvignon Blanc.
- **Chalk Hill Estate:** Sauvignon Blanc, Chardonnay, Cabernet Sauvignon.
- **Chateau Souverain:** Cabernet Sauvignon, Sauvignon Blanc.
- **Chateau St. Jean:** Chardonnay (Robert Young, Vinhedos Belle Terre), Cabernet Sauvignon (Cinq Cépages).
- **Cline Cellars:** Mourvèdre, Zinfandel.
- **Clos du Bois:** Marlstone (corte de Cabernet), Chardonnay.
- **Dehlinger Winery:** Pinot Noir, Chardonnay, Syrah.
- **Dry Creek Vineyard:** Fumé Blanc, Chenin Blanc, Zinfandel.
- **Ferrari-Carano:** Chardonnay, Fumé Blanc, Cabernet Sauvignon.
- **Fisher Vineyards:** Chardonnay, Cabernet Sauvignon.
- **Flowers Vineyards & Winery:** Pinot Noir, Chardonnay.
- **Foppiano Vineyards:** Petite Sirah, Cabernet Sauvignon, Merlot.
- **Gallo Family Vineyards:** Chardonnay (Laguna Ranch), Zinfandel (Frei Ranch).
- **Gary Farrell Wines:** Pinot Noir, Chardonnay, Zinfandel.
- **Geyser Peak Winery:** Chardonnay, Cabernet Sauvignon.
- **Hanna Winery:** Sauvignon Blanc, Zinfandel, Cabernet Sauvignon.
- **Hanzell Vineyards:** Chardonnay.
- **Hartford Court:** Pinot Noir (todos), Zinfandel.
- **Jordan Vineyard:** Cabernet Sauvignon, Chardonnay.
- **Kendall-Jackson:** Cabernet Sauvignon, Chardonnay, Zinfandel.
- **Kenwood Vineyards:** Cabernet Sauvignon (Artist Series), Zinfandel.

- **Kistler Vineyards:** Chardonnay, Pinot Noir.
- **J. Rochioli Vineyard:** Pinot Noir (todos), Sauvignon Blanc, Zinfandel.
- **Joseph Swan Vineyards:** Pinot Noir, Zinfandel.
- **La Crema Winery:** Chardonnay, Pinot Noir.
- **Laurel Glen Vineyard:** Cabernet Sauvignon, Reds, Terra Rosa.
- **Lynmar Winery:** Pinot Noir, Chardonnay.
- **Marcassin:** Chardonnay (todos os vinhedos; muito raro, só para lista de contatos).
- **Marietta Cellars:** Petite Sirah, Zinfandel, Old Vine Red (corte de Zinfandel).
- **Marimar Torres Estate:** Chardonnay, Pinot Noir.
- **Martin Ray Winery:** Cabernet Sauvignon, Merlot, Chardonnay.
- **Martinelli Vineyard:** Zinfandel, Chardonnay (Vale Russian River).
- **Matanzas Creek Winery:** Chardonnay, Sauvignon Blanc, Merlot.
- **Paul Hobbs:** Cabernet Sauvignon, Chardonnay, Pinot Noir.
- **Peter Michael Winery:** Chardonnay, Les Pavots (corte de Cabernet).
- **Preston of Dry Creek:** Zinfandel, Syrah, Barbera.
- **Quivira Vineyards:** Zinfandel, Syrah, Petite Sirah.
- **Ravenswood:** Zinfandel (vinhedos únicos), Merlot (Sangiacomo Vineyard), Pickberry (mistura de Cabernet Sauvignon/Merlot).
- **Saint Francis Winery:** Zinfandel, Merlot, Cabernet Sauvignon.
- **Sausal Winery:** Zinfandel (todos), Sangiovese.
- **Sebastiani Vineyards:** Cabernet Sauvignon, Merlot, Chardonnay.

- **Seghesio Family Estates:** Zinfandel (todos), Sangiovese, Barbera.
- **Sonoma-Cutrer Vineyards:** Chardonnay (todas as seleções).
- **Stonestreet:** Cabernet Sauvignon (todos), Chardonnay, Sauvignon Blanc.
- **Trentadue Winery:** Petite Sirah, Old Patch Red.
- **Williams Selyem Winery:** Pinot Noir (todos), Zinfandel, Chardonnay (todos os vinhos são muito raros; vendidos por lista de contatos).

Condados de Mendocino e Lake

O Condado de Lake, dominado pelo Lago Clear, é o vizinho de Napa ao norte e o Condado de Mendocino fica ao norte de Sonoma. A lista a seguir inclui os produtores recomendados e seus melhores vinhos. Listamos os produtores em ordem alfabética, por condado:

Condado de Mendocino

- **Edmeades:** Zinfandel (principalmente de vinhedos únicos).
- **Fetzer Vineyards:** Pinot Noir Reserve, Cabernet Sauvignon Reserve.
- **Greenwood Ridge Vineyards:** Riesling, Pinot Noir, Zinfandel.
- **Handley Cellars:** Chardonnay, Gewurzstraminer, Sauvignon Blanc.
- **Lazy Creek Vineyards:** Gewürzstraminer, Riesling.
- **Lalonis Winery:** Cabernet Sauvignon (todos), Zinfandel.
- **McDowell Valley Vineyards:** Syrah, Viognier.
- **Navarro Vineyards:** Gewürzstraminer, Chardonnay (Reserve).

Condado de Lake

- **Guenoc Winery:** Cabernet Sauvignon, Chardonnay, Langtry Meritage Red (mistura de Cabernet), Petite Sirah Reserve.
- **Steele Wines:** Chardonnay, Zinfandel, Pinot Noir, Pinot Blanc.

- **Wildhurst Vineyards:** Cabernet Sauvignon, Chardonnay, Merlot.

Área da Baía de San Francisco

A área da Baía de San Francisco inclui regiões viníferas no norte, leste e sul da cidade: Condado de Marin, ao norte; Condado Alameda e Vale Livermore, a leste e Vale Santa Clara e Condado de San Mateo, ao sul. Em Livermore, Sauvignon Blanc e Sémillon sempre se saíram bem. No Vale de Santa Clara, ao sul de San Francisco, Chardonnay, Cabernet Sauvignon e Merlot são as três maiores castas de uvas (e vinhos). Listamos nossas vinícolas recomendadas em ordem alfabética, por localidade:

Condado de Marin

- **Kalin Cellars:** Sauvignon Blanc, Sémillon, Chardonnay, Pinot Noir; uvas de várias áreas, incluindo Livermore.
- **Sean H. Thackrey:** Orion Old Vines Red (corte de Syrah), Sirius (Petite Sirah); uvas de várias áreas diferentes, incluindo Napa.

Condado Alameda

- **Edmunds St. John:** Syrah, Rocks and Gravel (cortes tipo de Rhône); as uvas têm origem em todo o estado.
- **Rosenblum Cellars:** Zinfandel (principalmente de vinhedos únicos); utiliza principalmente frutas do Vale de Sonoma e do Napa Valley.

Vale Livermore

- **Concannon Vineyard:** Chardonnay, Petite Sirah.
- **Murrietta's Well:** Zinfandel, Red Meritage (corte de Cabernet).
- **Wente Family Estates:** Chardonnay, Sauvignon Blanc.

Vale de Santa Clara (exceto Montanhas Santa Cruz)

- **J. Lohr Winery:** Chardonnay, Cabernet Sauvignon (Paso Robles).

Condado de San Mateo

- **Cronin Vineyards:** Chardonnay (todas as seleções).
- **Thomas Fogarty Winery:** Gewürzstraminer, Chardonnay, Pinot Noir.

Montanhas Santa Cruz

O clima é frio no lado do oceano, onde a Pinot Noir prospera. No lado da Baía de San Francisco, a Cabernet Sauvignon é uma importante variedade tinta. A Chardonnay é uma variedade líder em ambos os lados.

Listamos nossos produtores recomendados das Montanhas Santa Cruz em ordem alfabética, junto com seus melhores vinhos:

- **Bargetto:** Chardonnay, Cabernet Sauvignon, Merlot.
- **Bonny Doon Vineyard:** Le Cigare Volant Red (corte de Rhône), Old Telegram (Mourvèdre).
- **David Bruce Winery:** Pinot Noir (Santa Cruz), Zinfandel (Paso Robles).
- **Cinnabar Vineyards:** Chardonnay, Cabernet Sauvignon.
- **Kathryn Kennedy Winery:** Cabernet Sauvignon, Syrah.
- **Mount Eden Vineyards:** Chardonnay Estate, Cabernet Sauvignon Estate, Pinot Noir Estate.
- **Ridge Vineyards:** Cabernet Sauvignon Monte Bello, Geuserville (corte de Zinfandel), Zinfandel (todos).
- **Santa Cruz Mountain Vineyard:** Pinot Noir, Cabernet Sauvignon.

O Que Há de Novo na Velha Monterey

Como a maioria das regiões viníferas da Califórnia, Monterey tem mudado rapidamente nas últimas duas décadas, e, agora, existem sete áreas oficiais de viticultura (AVAs) lá, compreendendo aproximadamente 75 vinícolas:

- Arroyo Seco
- Vale Carmel
- Chalone

- Vale Hames
- Monterey
- San Luca
- Planalto Santa Lucia

O Planalto Santa Lucia, em especial, está chamando atenção como a nova região "em alta" para o Pinot Noir californiano. O Chardonnay é o vinho varietal que vem na liderança no Condado de Monterey — assim como na maior parte do estado. Porém, as partes mais frias de Monterey também são fontes importantes de Riesling e Gewürzstraminer. Cabernet Sauvignon e Pinot Noir são as principais uvas tintas das áreas montanhosas. A seguir, nossos produtores recomendados no Condado de Monterey, listados em ordem alfabética, junto com um produtor do vizinho Condado de San Benito:

- **Bernardus Winery:** Chardonnay, Sauvignon Blanc, Marinus (principalmente Cabernet Sauvignon), Pinot Noir.
- **Calera** (Condado de San Benito)**:** Pinot Noir (principalmente seleções de um único vinhedo), Viognier, Chardonnay.
- **Chalone Vineyard:** Chardonnay, Pinot Blanc, Pinot Noir.
- **Chateau Julien:** Chardonnay, Merlot, Cabernet Sauvignon.
- **Estancia Estates:** Chardonnay, Cabernet Sauvignon, Merlot, Pinot Noir.
- **Morgan Winery:** Chardonnay, Pinot Noir, Pinot Gris, Syrah.
- **Paraiso Vineyards:** Pinot Noir, Chardonnay, Riesling, Syrah.
- **Robert Talbott Vineyards:** Chardonnay.

Há Vinho Naqueles Contrafortes

Sierra Foothills é uma região vinífera que se estende a leste de Sacramento, centralizada entre os Condados de Amador e El Dorado, e também se espalha para o norte e para o sul de ambos os condados. Muitos vinhedos estão situados a mais de 450 metros de altitude — assim como os arredores de Placerville, em El Dorado. O solo da região é, principalmente, de origem vulcânica. Duas de suas mais famosas áreas de viticultura são o Vale Shenadoah e Fiddletown. A seguir, os produtores que recomendamos em Sierra Foothills (listados em ordem alfabética), juntamente com seus melhores vinhos:

- **Amador Foothill Winery:** Zinfandel.
- **Boeger Winery:** Zinfandel, Barbera, Sauvignon Blanc.
- **Karly:** Zinfandel, Syrah, Sauvignon Blanc, Marsanne.
- **Lava Cap Winery:** Barbera, Cabernet Sauvignon, Petite Sirah.
- **Monteviña:** Zinfandel, Syrah.
- **Renaissance Vineyard:** Cabernet Sauvignon, Riesling (Colheita Tardia), Sauvignon Blanc.
- **Renwood Winery:** Barbera, Zinfandel (principalmente Vinhedo Grandpère).
- **Shenandoah Vineyards:** Zinfandel, Sauvignon Blanc.
- **Sierra Vista Winery:** Zinfandel, Syrah.
- **Sobon Estate:** Zinfandel, Viognier.
- **Stevenot Winery:** Syrah, Tempranillo, Zinfandel.

Contrastes em San Luis Obispo

O Condado de San Luis Obispo é uma região de áreas de viticultura bastante diversas. Elas incluem, por exemplo, a região quente e montanhosa de Paso Robles, onde reinam Zinfandel e Cabernet Sauvignon, e as regiões frias e costeiras do Vale Edna e Arroyo Grande lar de ótimos Pinot Noirs e Chardonnays. Paso Robles, com mais de 90 vinícolas, fica no coração da Costa Central da Califórnia, tem vinhos diferentes daqueles das áreas costeiras. Recomendamos os seguintes produtores em San Luis Obispo (listados em ordem alfabética, junto com seus melhores vinhos):

Paso Robles

- **Adelaida Cellars:** Pinot Noir, Zinfandel, Cabernet Sauvignon.
- **Eberle Winery:** Zinfandel, Cabernet Sauvignon, Viognier.
- **EOS Estate Winery:** Zinfandel, Cabernet Sauvignon, Petite Sirah.

- **Justin Vineyards:** Isosceles (corte de Cabernet), Cabernet Sauvignon, Cabernet Franc, Chardonnay.
- **Meridian Vineyards** (também tem vinhedos no Vale Edna e em Santa Barbara): Chardonnay (principalmente Reserve), Syrah.
- **Peachy Canyon Winery:** Zinfandel.
- **Rabbit Ridge Vineyards:** Zinfandel, Primitivo, Syrah, Pinot Grigio.
- **Tablas Greek Vineyard:** Mourvèdre, Grenache, Syrah, Roussane.
- **Treana Winery:** tintos (principalmente Cabernet Sauvignon, Merlot, Syrah), brancos (principalmente Marsanne e Viognier).
- **Wild Horse Winery:** Pinot Noir, Merlot, Cabernet Sauvignon.

Vale Edna e Arroyo Grande

- **Alban Vineyards:** Viognier (Estate), Roussanne, Syrah, Grenache.
- **Clairborne & Churchill:** Riesling, Pinot Gris, Pinot Noir.
- **Edna Valley Vineyard:** Chardonnay, Pinot Noir, Cabernet Sauvignon.
- **Laetitia Vineyard:** Chardonnay, Pinot Noir.
- **Saucelito Canyon Vineyard:** Zinfandel.
- **Talley Vineyards:** Chardonnay, Pinot Noir.

Santa Barbara, o Paraíso Californiano

Os frios Vales Santa Maria, Santa Ynez e Los Alamos — ao norte da cidade de Santa Barbara — são ideais para Pinot Noir e Chardonnay. No Vale Santa Maria, uma das principais fontes destas variedades, a temperatura média durante a estação de crescimento é de apenas 23 °C. Mais ao sul, no Vale Santa Ynez, o Riesling também vai bem. A seguir, os produtores recomendados em Santa Barbara (listados em ordem alfabética) e seus melhores vinhos:

- **Alma Rosa:** Chardonnay, Pinot Gris e Pinot Noir.
- **Au Bon Climat:** Pinot Noir, Chardonnay (principalmente engarrafados de um único vinhedo para ambos), Pinot Gris/ Pinot Blanc.
- **Babcock Vineyards:** Sauvignon Blanc, Chardonnay, Pinot Noir.
- **The Brander Vineyard:** Sauvignon Blanc.
- **Byron Vineyard:** Chardonnay (principalmente do Vinhedo Nielson), Pinot Noir.
- **Cambria Winery:** Chardonnay, Pinot Noir (Julia's Vineyard), Syrah.
- **Cottonwood Canyon:** Pinot Noir.
- **Daniel Gehrs:** Chenin Blanc, Riesling Seco, Gewürzstraminer, Syrah.
- **Fess Parker Winery:** Chardonnay, Syrah, Pinot Noir.
- **Fiddlehead Cellars:** Pinot Noir, Sauvignon Blanc.
- **Firestone Vineyard:** Chardonnay, Sauvignon Blanc.
- **Foley Estate:** Chardonnay, Pinot Noir.
- **Foxen Vineyard:** Pinot Noir, Syrah, Viognier, Chenin Blanc.
- **Gainey Vineyard:** Chardonnay, Pinot Noir, Sauvignon Blanc.
- **Hitching Post:** Pinot Noir, Syrah.
- **IO Wines:** IO (corte tipo de Rhône, Syrah/Grenache/ Mourvèdre), Syrah.
- **Lane Tanner:** Pinot Noir, Syrah.
- **Lincourt Vineyards:** Pinot Noir, Syrah, Chardonnay.
- **Longoria Wines:** Chardonnay, Pinot Noir, Cabernet Franc, Syrah.
- **The Ojai Vineyard:** Pinot Noir, Syrah, Chardonnay.
- **Qupé Cellars:** Syrah, Chardonnay, Roussanne, Marsanne, Viognier.

- **Sanford Winery:** Pinot Noir (principalmente Sanford & Benedict Vineyard), Chardonnay, Sauvignon Blanc.
- **Santa Barbara Winery:** Pinot Noir, Chardonnay, Syrah.
- **Zaca Mesa Winery:** Syrah, Roussanne, Chardonnay.

Oregon, Um Conto de Dois Pinots

A produção do vinho é uma indústria relativamente nova no Oregon, mas está crescendo rápido. De algumas vinícolas no início dos anos 1970, o estado passou para 314 no ano de 2005 — com um aumento de 140 vinícolas nos últimos quatro anos! A maioria das vinícolas do Oregon é pequena, com operações familiares. A exceção, em termos de tamanho, é a King Estate, a maior vinícola do Oregon, mas até mesmo ela é relativamente pequena se comparada a alguns monstros do vinho da Califórnia. O vinho tinto compõe 60% da produção atual de vinhos no Oregon; os 40% da produção de vinhos brancos são compostos, principalmente, por Pinot Gris, Chardonnay e Riesling.

Quem é quem no Vale Willamette

O lar principal da Pinot Noir e da Pinot Gris no Oregon é o Vale Willamette, o mais importante do Oregon com mais de 200 vinícolas e dois terços das vinícolas do estado. Atualmente, existem seis AVAs no Vale Willamette: Chehalem Mountains, Dundee Hills, Distrito de Yamhill-Carlton, Ribbon Ridge, McMinnville Foothills e Eola Hills.

DICA

Estes são alguns dos melhores produtores do Vale Willamette, principalmente para Pinot Noir e Pinot Gris (mas, às vezes, para Chardonnay ou Riesling), listados em ordem alfabética:

Adelsheim Vineyard
Amity Vineyards
Anne Amie
Archery Summit
Argyle Winery
Beaux Frères
Benton Lane Winery
Bethel Heights Vineyard
Brick House Vineyards
Broadley Vineyards
Cameron Winery
Chehalem
Cooper Mountain Vineyards
Cristom Vineyards

Domaine Drouhin Oregon
Domaine Serene
Duck Pond Cellars
Edgefield Winery
Elk Cove Vineyards
Eola Hills Wine Cellars
Erath Vineyards
Evesham Wood Winery
Firesteed Winery
Hamacher Wines
Hinman Vineyards/Silvan Ridge
Ken Wright Cellars
King Estate Winery
Kramer Vineyards
Lange Winery
Montinore Vineyards
Oak Knoll Winery
Panther Creek Cellars
Patricia Green Cellars
Penner-Ash Wine Cellars
Ponzy Vineyards
Redhawk Vineyard
Rex Hill Vineyards
St. Innocent Winery
Shafer Vineyard
Sokol Blosser Winery
Stangeland Vineyards
The Eyrie Vineyards
Torii Mor Winery
Tualatin Vineyards
Van Duzer Vineyards
Willakenzie Estates
Willamette Valley Vineyards
Witness Tree Vineyard
Yamhill Valley Vineyards

Vinho no Deserto: O Estado de Washington

Os fabricantes de vinho de Washington descobriram que, com irrigação, muitas uvas podem crescer no deserto. Washington ficou famoso, primeiro, pela qualidade de seus Merlots. As castas de Bordeaux, Merlot, Cabernet Sauvignon, Cabernet Franc, Sauvignon Blanc e Sémillon são as principais. Ultimamente, os vinhos Syrah de Washington vem ganhando muitos elogios. Na verdade, Washington pode ser a única região excelente nos Estados Unidos para este vinho excitante. Em 1993, aproximadamente dois terços dos vinhos de Washington eram brancos, um terço eram tintos. Refletindo o gosto dos americanos por vinhos, os de Washington agora são 60% tintos e 40% brancos.

Regiões viníferas de Washington

Washington tem uma AVA gigante, o **Vale Columbia**, que abriga outras cinco AVAs em sua macro denominação (listadas em ordem de importância geral):

- **Vale Yakima:** segunda maior em área, possui mais vinícolas do que o restante do Vale Columbia.

- **Vale Walla Walla:** embora apenas 5% das uvas *viniferas* do estado cresçam lá, é o lar de algumas das melhores vinícolas do estado, como Leonetti Cellar, Woodward Canyon, Waterbook Winery, Canoe Ridge Vineyard e L'Ecole # 41.
- **Red Mountain:** uma AVA relativamente nova (2001), a área de Red Mountain fica, na verdade, dentro da AVA do Vale Yakima, mas possui uma denominação exclusiva. Aproximadamente nove vinícolas, incluindo Hedges e Kiona Vineyards, concentram-se nas variedades tintas: Cabernet Sauvignon, Merlot, Cabernet Franc e Syrah.
- **Horse Heaven Hills:** reconhecida como AVA em 2005, esta área há muito tempo é conhecida como local ideal para a Cabernet Sauvignon. Muitas das principais vinícolas de Washington, incluindo Chateau Ste. Michelle, utilizam uvas dos vinhedos de lá.
- **Wahluke Slope:** uma AVA recente (2006), Wahluke Slope é uma das denominações mais quentes do estado, conhecida por seu Merlot e por seu Cabernet Sauvignon, lar da Snoqualmie Vineyards.

Quem é quem em Washington

A seguir, nossos produtores de vinho recomendados em Washington, agrupados em ordem alfabética, juntamente com alguns de seus melhores vinhos:

- **Andrew Hill Cellars:** Cabernet Sauvignon, Merlot.
- **Arbor Crest Wine Cellars:** Sauvignon Blanc, Chardonnay, Riesling.
- **Badger Mountain Winery:** Chardonnay, Cabernet Franc.
- **Barnard Griffin Winery:** Sémillon, Chardonnay, Fumé Blanc, Merlot.
- **Betz Family Winery:** Cabernet Sauvignon, mistura de Merlot, Syrah.
- **Bookwalter Winery:** Cabernet Sauvignon Merlot.
- **Canoe Ridge Vineyard:** Merlot, Cabernet Sauvignon.

- **Chateau Ste. Michelle:** Merlot, Cabernet Sauvignon, Chardonnay (principalmente Cold Creek Vineyard, dentre os três), "Eroica" Riesling (com Dr. Loosen).
- **Chinook Winery:** Sauvignon Blanc, Sémillon, Chardonnay.
- **Col Solare:** Meritage (principalmente Cabernet Sauvignon; colaboração entre Chateau Ste. Michelle/Piero Antinori).
- **Columbia Crest Winery:** Reserve Red (corte de Cabernet-Merlot), Sémillon, Syrah, Merlot, Cabernet Sauvignon, Sémillon-Chardonnay.
- **Columbia Winery:** Cabernet Sauvignon, Cabernet Franc, Syrah, Merlot (principalmente Red Willow Vineyard, para os quatro).
- **Covey Run Winery:** Chardonnay, Lemberger.
- **DeLille Cellars:** Chaleur Estate (corte no estilo de Bordeaux), Chaleur Estate Blanc (mistura de Sauvignon Blanc-Sémillon), D2 (outro rótulo de Chaleur Estate), Harrison Hill (Cabernet Sauvignon), Syrah.
- **Gordon Brothers Cellars:** Chardonnay, Merlot, Cabernet Sauvignon.
- **Hedges Cellars:** Red Mountain Reserve (corte no estilo de Bordeaux), Cabernet/Merlot, Fumé/Chardonnay, Three Vineyard Red.
- **The Hogue Cellars:** Merlot, Cabernet Sauvignon (Reserve), Blue Franc (Lemberger), Chenin Blanc, Sémillon-Chardonnay, Sémillon.
- **Hoodsport Winery:** Lemberger, Sémillon.
- **Hyatt Vineyard:** Merlot, Cabernet Sauvignon.
- **Januik Winery:** Merlot, Cabernet Sauvignon.
- **Kiona Vineyards:** Lemberger, Cabernet Sauvignon, Merlot.
- **L'Ecole nº 41:** Merlot (Seven Hills), Cabernet Sauvignon, Sémillon.
- **Leonetti Cellar:** Cabernet Sauvignon (principalmente Seven Hills Vineyard), Merlot, Sangiovese.
- **Long Shadows Winery:** Merlot, Syrah, Riesling.

- **Matthews Cellars:** Merlot, Yakima Valley Red (corte no estilo de Bordeaux).
- **McRea Cellars:** Chardonnay, Syrah.
- **Northstar:** Merlot.
- **Owen-Sullivan Winery:** Syrah, Cabernet Franc, Merlot.
- **Pepper Bridge Winery:** Cabernet Sauvignon, Merlot.
- **Preston Wine Cellars:** Cabernet Sauvignon, Merlot (Reserves).
- **Quilceda Creek Vintners:** Cabernet Sauvignon.
- **Sagelands Vineyard:** Cabernet Sauvignon, Merlot.
- **Seven Hills**:** Merlot, Cabernet Sauvignon.
- **Snoqualmie Vineyards:** Cabernet Sauvignon, Merlot, Syrah.
- **Tamarack Cellars:** Merlot, Cabernet Sauvignon. Firehouse Red.
- **Tefft Cellars:** Sangiovese, Cabernet Sauvignon.
- **Thurston Wolfe Winery:** Syrah.
- **Washington Hills Cellars:** Cabernet Sauvignon, Merlot, Chardonnay, Sémillon, Cabernet Franc ("Apex" é o rótulo premium desta vinícola; ela também usa o rótulo "W. B. Bridgman").
- **Waterbrook Winery:** Cabernet Sauvignon, Merlot, Chardonnay, Cabernet Franc, Sauvignon Blanc.
- **Woodward Canyon Winery:** Chardonnay, Cabernet Sauvignon, Merlot.

*** Seven Hills Winery fica, na verdade, na fronteira com Oregon, mas os vinhedos ficam no Vale Walla Walla, em Washington.*

O Empire State

Nova York está em terceiro lugar entre os maiores produtores de vinho dos Estados Unidos. Brotherhood America's Oldest Winery, Ltd., a mais antiga vinícola em operação contínua dos Estados Unidos, abriu suas portas no Vale do Hudson, em Nova York, em 1839. E a maior empresa de vinhos do mundo, a Constellation, tem seus escritórios centrais na região de Finger Lakes, no oeste de Nova York.

Interior, sul

A região mais importante de Nova York é Finger Lakes, onde quatro grandes lagos temperam o clima frio. Esta AVA produz aproximadamente dois terços dos vinhos de Nova York. Outras duas regiões importantes são Hudson Valley, ao longo do Rio Hudson, norte da cidade de Nova York, e Long Island, que tem três AVAs: North Fork of Long Island (a mais importante); Hamptons, na Ponta Sul da ilha e a própria Long Island, que utiliza as uvas de toda Long Island.

Antigamente (antes de 1960), a maioria dos vinhos de Nova York era feita a partir de castas nativas dos Estados Unidos, como Concord, Catawba, Delaware e Niagara, bem como uvas franco-americanas híbridas, como Seyval Blanc, Baco Noir e Maréchal Foch. Atualmente, Long Island tem 32 vinícolas e continua crescendo. Assim como o estado de Washington, Long Island parece especialmente adequada para Merlot, mas Chardonnay, Riesling, Cabernet Sauvignon, Cabernet Franc e Sauvignon Blanc também são cultivadas, além de Gewürzstraminer, Pinot Noir e diversas outras cepas.

Quem é quem em Nova York

DICA

A indústria vinífera de Nova York cresceu de 19 vinícolas, em 1976 para mais de 170, atualmente. A maioria delas é pequena, de operações familiares. A seguir, as listas dos produtores recomendados nas três maiores regiões viníferas de Nova York, listados em ordem alfabética.

Região de Finger Lakes

Anthony Road Wine Company

Casa Larga Vineyards

Dr. Frank's Vinifera Wine Cellars (e sua afiliada, Chateau Frank, para vinhos espumantes)

Fox Run Vineyards

Glenora Wine Cellars

Hazlitt 1852 Vineyards

Hermann J. Wiemer Vineyard

Heron Hill Vineyards

Hunt Country Vineyards

Knapp Vineyards

Lakewood Vineyards

Lamoreaux Landing Wine Cellars

Lucas Vineyards

McGregor Vineyard

Prejean Winery

Standing Stone Vineyards

Swedish Hill Vineyard

Wagner Vineyards

Widmer's Wine Cellars

Região do Vale do Rio Hudson

Adair Vineyards
Baldwin Vineyards
Benmarl Vineyards
Brotherhood Winery
Cascade Mountain Vineyards
Clinton Vineyards
Magnanini Winery
Millbrook Vineyards
Rivendell Winery

Região de Long Island (Ponta Norte, além da citada)

Bedell Cellars
Castello di Borghes Vineyard
Channing Daughters (Hamptons)
Corey Creek Vineyards
Duck Walk Vineyards (Hamptons)
Jamesport Vineyards
Laurel Lake Vineyards
Lenz Winery
Lieb Family Cellars
Loughlin Vineyards
Macari Vineyards
Martha Clara Vineyards
Old Brookville-Banfi (Condado de Nassau)
Osprey's Dominion
Palmer Vineyards
Paumanok Vineyards
Peconic Bay Vineyards
Pelligrini Vineyards
Pindar Vineyards
Pugliese Vineyards
Raphael
Wolffer Estate (Hamptons)

Oh, Canadá

Os vinhos do Canadá são conhecidos, principalmente, pelos canadenses, que consomem a maior parte da produção do país.

Os anos 1990 trouxeram um incrível crescimento para a indústria vinífera canadense: o número de vinícolas cresceu de 30 para mais de 400. O vinho é produzido em quatro províncias do país, mas Ontário merece o título de maior produtora, com mais de 100 vinícolas. British Columbia vem em segundo lugar. Quebec e Nova Scotia também produzem vinhos.

Para identificar e promover os vinhos feitos totalmente com uvas locais (algumas vinícolas canadenses importam vinhos de outros países para misturar com a produção local), as províncias de Ontário e British Columbia estabeleceram um sistema de denominação chamado VQA: Vintners' Quality Alliance (Aliança de Qualidade dos Produtores). Este sistema regula a utilização dos nomes de províncias nos rótulos dos vinhos, estabelece quais variedades de uva podem ser utilizadas (castas viniferas e determinados híbridos), regula a utilização dos termos *icewine* (vinho do gelo), *late harvest* (colheita tardia) e *botrytised* (botritisada), e exige que os vinhos passem por um teste de sabor e de laboratório.

Ontário

As vinícolas de Ontário são regiões viníferas de clima frio, apesar de estarem no mesmo paralelo de Chianti Classico e Rioja, regiões viníferas europeias mais quentes. Sessenta por cento da produção é de vinho branco, Chardonnay, Riesling, Gewürzstraminer, Pinot Blanc, Auxerrois e as híbridas Seyval Blanc e Vidal. Os vinhos tintos vêm de Pinot Noir, Gamay, Cabernet Sauvignon, Cabernet Franc, Merlot e as híbridas Maréchal Foch e Baco Noir.

As regras VQA de Ontário permitem o uso da denominação Ontário e também reconhecem três *Designated Viticultural Areas* (DVAs) (Áreas Designadas de Viticultura), listadas em ordem de importância:

- **Península de Niagara:** ao longo da margem sul do Lago Ontário.
- **Ilha Pelee:** dezessete quilômetros ao sul do continente canadense, em Lake Eire, os vinhedos mais ao sul do Canadá.
- **Margem Norte do Lake Erie:** as áreas mais quentes de viticultura de Ontário.

VALE A PENA PROCURAR

Como as temperaturas no inverno costumam cair abaixo de zero, o *icewine*, feito com uvas naturalmente congeladas na vinha, é uma especialidade de Ontário. Gradualmente, a indústria vinífera canadense está ganhando atenção internacional, principalmente os vinhos da Inniskillin Winery. As normas VQA são particularmente rígidas com relação à produção de *icewine*, já que ele se tornou o líder das exportações de vinhos canadenses.

British Columbia

O rápido crescimento da indústria vinífera em British Columbia agora abriga mais de 70 vinícolas. A produção é, principalmente, de vinho branco — de Chardonnay, Gewürzstraminer, Pinot Gris, Pinot Blanc e Riesling — mas a produção de vinhos tintos está aumentando, principalmente de Pinot Noir e Merlot.

O Vale Okanagan é o centro da produção vinícola; Mission Hill é a principal. As normas VQA reconhecem cinco Áreas Designadas de Viticultura, listadas em ordem de importância:

- Okanagan Valley.
- Similkameen Valley.
- Fraser Valley.
- Vancouver Island.
- Gulf Islands.

Parte V

A Face Exótica do Vinho

A 5ª onda por Rich Tennant

"Irmão Dom Perignon, todos apreciam muito sua sopa espumante de maionese e nabos, mas o senhor não poderia fazer outra coisa com estas uvas?"

Nesta parte...

Há vida além do Chardonnay e do Merlot! Na verdade, existe um mundo inteiro de vinhos realmente deliciosos para serem provados, não só à mesa quanto nas festas, no pátio, antes do jantar ou perto da lareira. Estes vinhos incluem o mais elegante do mundo — o Champagne — bem como vinhos espumantes de outras regiões e os vinhos clássicos, chamados Jerez e Porto (não há quem não ame o Porto).

Nos dois capítulos a seguir, falaremos como estes vinhos mágicos são feitos, quais marcas devem ser procuradas e quando bebê-los (incluindo dicas sobre como utilizá-los para dar um toque exótico à refeição).

Capítulo 14

Champagne e Outros Espumantes

Neste Capítulo

- Aprendendo quando extra seco significa "nem tão seco assim"
- Descobrindo quando nem todo champagne é Champagne
- Harmonizando espumantes com comida
- Conhecendo vinhos espumantes de 8 a mais de 200 dólares

No universo dos vinhos, os espumantes formam um sistema solar próprio. Eles são produzidos em quase todos os países produtores de vinho e têm uma imensa variedade de sabores, níveis de qualidade e preços. Os vinhos espumantes são distintos dos outros vinhos pela presença de bolhas — *dióxido de carbono* — no vinho.

Nem Tudo que Borbulha é Champagne

Champagne, o vinho espumante de Champagne, França, é o padrão ouro dos vinhos espumantes por diversos motivos: é o mais famoso do mundo; teve a técnica específica para sua produção aperfeiçoada na região de Champagne e está também entre os melhores vinhos do mundo.

CUIDADO!

As vinícolas chamam seus espumantes de "champagne" para deixá-los mais comerciáveis e, apesar das normas rígidas com relação ao uso do termo, muitas vinícolas dos Estados Unidos também usam a palavra "champagne" de forma indiscriminada para se referirem a todos os vinhos que contenham bolhas.

LEMBRE-SE

Sempre que usamos a palavra Champagne nesta obra, estamos nos referindo ao verdadeiro Champagne, da região com o mesmo nome; usamos o termo genérico *vinho espumante* para nos referirmos coletivamente a vinhos frisantes e outros vinhos espumantes.

Estilos de Vinho Espumante

Todos os espumantes têm bolhas, e quase todos são brancos ou rosé (que é muito menos comum que o branco). Este é o máximo de generalizações que podemos fazer quando se trata de vinhos espumantes.

Alguns vinhos espumantes são absolutamente doces, alguns são muito secos, e muitos deles ficam no meio termo, de meio-secos a meio-doces. Alguns têm sabores tostados e amendoados, e outros são frutados; entre os frutados, alguns têm apenas gosto de uvas enquanto outros têm delicadas nuances de limão, maçã, cerejas, frutas silvestres, pêssegos e outras frutas.

DICA

Os vinhos espumantes do mundo todo fazem parte de dois estilos amplos, de acordo com a maneira como são feitos e o sabor resultante:

- Vinhos que expressam a personalidade de suas uvas: estes vinhos tendem a ser frutados e diretos, sem camadas de complexidade.
- Vinhos que expressam complexidade e sabores (efervescente, de biscoito, de caramelo, de mel) que derivam da fabricação e do envelhecimento, e não expressam um sabor frutado evidenciado.

DICA

Vinhos espumantes baratos tendem a ser meio-doces para atender a um grande mercado que aprecia a doçura. Vinhos rotulados com a palavra italiana *spumante* tendem a ser abertamente doces.

O quanto ele é bom?

Se você deseja avaliar um vinho espumante, analise:

- **A aparência das bolhas.** Nos melhores vinhos espumantes, as bolhas são pequenas e flutuam para cima, em um fluxo constante à partir do fundo da taça. Se as bolhas são grandes e ocasionais, é uma dica de que se trata de um espumante de menor qualidade. Se você não vir muitas bolhas, pode ter comprado uma garrafa ruim; pode estar usando uma taça inadequada ou suja ou o vinho pode ser velho demais.

- **A sensação das bolhas em sua boca.** Quanto mais fino for o vinho, menos agressivas serão as bolhas em sua boca (se as bolhas lembrarem as de um refrigerante, esperamos que você não tenha pagado mais de 5 dólares pela garrafa).
- **O equilíbrio entre doçura e acidez.** Mesmo que um vinho seja doce ou seco demais para o seu paladar, para avaliar sua qualidade, você deve considerar sua relação doçura/acidez e decidir se estes dois elementos parecem razoavelmente equilibrados.
- **A textura.** Os vinhos espumantes do método tradicional devem ter textura um pouco cremosa, como resultado do longo envelhecimento no mosto.
- **O acabamento.** Qualquer impressão de amargor no final de um vinho espumante é um sinal de baixa qualidade.

Como é Feito o Vinho Espumante

A maioria dos vinhos espumantes na verdade passa por *duas* fermentações: uma para transformar o mosto de uva em vinho comum, sem bolhas (chamado *vinho base*) e outra para transformar o vinho base em espumante (convenientemente chamada de *segunda fermentação*). O fabricante de vinho tem que instigar a segunda fermentação adicionando levedos e açúcar ao vinho base. Os levedos adicionados transformam o açúcar adicionado em álcool e bolhas de CO_2.

A partir da segunda fermentação, quanto mais longo e lento for o processo de fabricação, mais complexo e caro será o vinho espumante. Alguns demoram dez anos para serem feitos; outros são produzidos em apenas alguns meses. Os vinhos do primeiro caso podem custar mais de 100 dólares por garrafa, enquanto os outros espumantes, do lado oposto do espectro, podem ser vendidos por 4 dólares.

Embora existam muitas variações, a maioria dos vinhos espumantes é produzida de uma destas duas maneiras: através da *segunda fermentação em um tanque* ou através da *segunda fermentação na garrafa*.

Fermentação no tanque: Economia de escala

Os vinhos espumantes feitos com o *método charmat* (pronuncia-se *xarmá*) são, em geral, os menos caros. Isso porque são feitos em grandes quantidades e estão prontos para a venda logo após a colheita. Além disso, as uvas utilizadas para fazer vinho espumante pelo método charmat (Chenin Blanc, por exemplo) são, em geral, *muito* mais baratas do que a Pinot Noir e a Chardonnay, tipicamente usadas no *método tradicional* ou *champagne*, descrito na próxima seção.

O método charmat acontece quando um vinho é enriquecido com leveduras e açúcar e então, fermenta. O dióxido de carbono criado pela fermentação fica preso no vinho, graças ao tanque fechado, à pressão dentro do tanque e à temperatura baixa. O vinho — agora, um vinho espumante seco com mais álcool que o vinho base — é filtrado (sob pressão) para remover depósitos sólidos (a *borra*) da segunda fermentação. Antes do engarrafamento, um pouco de açúcar é adicionado apenas para ajustar o sabor do vinho.

O processo inteiro pode demorar apenas algumas semanas. Em alguns casos excepcionais, ele pode ser estendido para alguns meses, permitindo que o vinho descanse entre a fermentação e a filtração.

Fermentação na garrafa: O pequeno é belo

O método mais tradicional é fazer a segunda fermentação nas garrafas individuais onde o vinho será vendido.

O Champagne vem utilizando este método há mais de 300 anos e, segundo as normas francesas, não pode ser feito de outra maneira. A técnica para fazer a segunda fermentação na garrafa chama-se *método clássico*, ou *tradicional*, na Europa; nos Estados Unidos, ele se chama *método champagne* ou *méthode champenoise*.

A fermentação na garrafa (ou, precisamente, segunda fermentação na garrafa), incluindo o tempo de envelhecimento na vinícola antes de o vinho ser vendido, exige, no mínimo, 15 meses e, em geral, demora três anos ou mais. Invariavelmente, os vinhos espumantes fermentados na garrafa são mais caros do que os fermentados em tanques.

PAPO DE ESPECIALISTA

Os elementos da fermentação na garrafa são os seguintes:

- Cada garrafa é cheia com uma mistura de vinho base e uma solução de leveduras e açúcar, é bem fechada e guardada em um porão frio e escuro.
- A segunda fermentação acontece lentamente dentro de cada garrafa, produzindo dióxido de carbono e sedimento de fermentação.
- Enquanto as garrafas estão no porão, a interação da borra com o vinho muda gradualmente sua textura e seu sabor.
- Em determinado ponto — de 12 meses a vários anos após a segunda fermentação — as garrafas passam por um processo de agitação e viram para que a borra vá para o pescoço das garrafas, que estão de cabeça para baixo.
- O sedimento é congelado rapidamente no pescoço de cada garrafa e é expulso dela como uma tampa congelada, deixando atrás de si um vinho espumante cristalino.
- Uma solução adocicada (chamada *dosage*) é adicionada a cada garrafa para ajustar o sabor do vinho, e as garrafas são arrolhadas e rotuladas para venda.

Na verdade, o método clássico praticado em Champagne envolve muitos processos, que acontecem bem antes da segunda fermentação. Por exemplo: a prensa para extrair o suco das uvas deve ser suave e cuidadosa, para evitar que as cascas das uvas deixem um sabor amargo — e a cor, no caso de uvas escuras — no suco. Outro passo crucial para a qualidade do vinho espumante é a mistura de vários vinhos após a primeira fermentação, para criar o melhor vinho base para a segunda fermentação.

Champagne e Seus Vinhos Mágicos

Dom Pérignon, o famoso monge que foi mestre de adega da Abadia de Hautvillers, não inventou o Champagne, mas fez várias descobertas que são essenciais na produção atual do Champagne. Ele aperfeiçoou o método de fazer vinho branco à partir de uvas tintas, por exemplo e, acima de tudo aperfeiçoou a arte de misturar vinhos feitos de diversas uvas e diferentes propriedades para obter um vinho base complexo. As mais importantes *casas de Champagne* (como são chamados os produtores de Champagne) ficam nos arredores de Reims, onde são cultivadas três cepas permitidas de uvas para a fabricação do Champagne. Estas áreas são:

- Montagne de Reims (sul de Reims), onde cresce a melhor Pinot Noir.
- Côte des Blancs (sul de Epernay), lar da melhor Chardonnay.
- Vallée de la Marne (oeste de Epernay), mais favorável à Pinot Meunier (uma uva tinta), embora as três castas de uva sejam cultivadas lá.

O que torna o Champagne especial

Três elementos que ajudam a diferenciar o Champagne dos outros espumantes:

- O número e a diversidade dos vinhedos (mais de 300 *crus*, ou individuais), que fornecem uma enorme variedade de vinhos exclusivos para o corte.
- As adegas frias, profundas e calcárias — muitas construídas durante a época dos romanos — nas quais o Champagne envelhece por muitos anos.
- Os 300 anos de experiência que os *Champenois* (como são chamados os bons cidadãos de Champagne) têm em fazer vinho espumante.

Champagne sem safra

O Champagne sem safra — qualquer Champagne sem o ano da safra no rótulo — soma 85% de todos os Champagnes. Seu corte típico é de dois terços de uvas tintas (Pinot Noir e Pinot Meunier) e um terço de brancas (Chardonnay). Um vinho de três colheitas ou mais geralmente entra no corte. E lembre-se: vinhos de 30 ou 40 (ou mais) propriedades diferentes de cada ano também podem fazer parte do corte. O produtor de Champagne é, por necessidade, um mestre em corte. A maioria das casas de Champagne envelhece seus Champagnes sem safra por dois anos e meio a três anos antes de vendê-los, mesmo que o mínimo permitido por lei para os sem safra seja apenas 15 meses. O envelhecimento extra prolonga o tempo de harmonização da mistura e melhora o sabor e a complexidade do vinho.

Champagne de safra (vintage)

Historicamente, a cada dez anos, em apenas cinco o clima é bom o suficiente em Champagne para produzir um Champagne de Safra — isto é, as uvas estavam maduras o suficiente para que o vinho pudesse ser feito totalmente a partir delas naquele ano, sem serem misturadas com outros vinhos reserva de anos anteriores. Desde 1995, o clima em Champagne (e na Europa inteira) tem sido muito mais quente do que o normal, e os produtores de Champagne conseguiram fabricar Champagne de Safra em quase todos os anos (2001 foi a única exceção).

O problema da geladeira

Nunca deixe seu Champagne — ou qualquer outro bom vinho espumante — na geladeira por mais de uma semana! Seu sabor vai ficar sem graça por causa da temperatura excessivamente fria. Além disso, as vibrações causadas pelo motor da geladeira não são boas para vinho algum — principalmente espumantes.

O envelhecimento mínimo para o Champagne de Safra é de três anos, mas muitas casas envelhecem seus Champagnes de Safra por quatro a seis anos para melhorar o sabor e a complexidade do vinho. Os Champagnes de Safra fazem parte de duas categorias:

- Safra regular, com preços variando de 45 a 70 dólares por garrafa; estes vinhos simplesmente levam uma data de safra além do nome da casa.
- Safra premium (também conhecido como *prestige cuvée* ou *tête de cuvée*), como Dom Perignon, de Moët & Chandon; Cristal, da Roederer ou La Grande Dame, de Veuve Cliquot; o preço típico para os prestige cuvées varia de 75 a 150 dólares por garrafa, ou mais.

O Champagne de Safra é, quase sempre, superior ao sem safra porque possue uma melhor seleção de uvas e, em geral, apenas as duas melhores variedades (Pinot Noir e Chardonnay) são utilizadas. A Pinot Meunier é guardada, principalmente, para o Champagne sem Safra. Além disso, a maioria das casas de Champagne envelhece seus Champagnes de Safra por, pelo menos, dois anos a mais do que os sem safra. O envelhecimento extra garante mais complexidade.

Blanc de blancs e blanc de noirs

Um pequeno número de Champagnes é feito apenas com Chardonnay; este tipo é chamado de *blanc de blancs* — literalmente "(vinho) branco de (uvas) brancas". Um blanc de blancs pode ser um Champagne de safra ou sem safra. Em geral, ele custa alguns dólares a mais que outros Champagnes desta categoria. Como são, geralmente, mais leves e delicados que os outros Champagnes, os blanc de blancs são aperitivos ideais. Nem todas as casas de Champagne fazem um blanc de blancs. Quatro dos melhores Champagnes de Safra são Taittinger Comte de Champagne, Billecart-Salmon Blanc de Blancs, Deutz Blanc de Blancs e Pol Roger Blanc de Chardonnay.

VALE A PENA PROCURAR

O Champagne *blanc de noirs* (feito totalmente a partir de uvas tintas, geralmente, apenas Pinot Noir) é raro, mas existe. O Blanc de Noirs da Bollinger, *Vieilles Vignes Françaises* ("vinhas antigas") é absolutamente o melhor, mas custa muito caro (entre 400 e 450 dólares) e é difícil de achar. O Bollinger Blanc de Noirs de 1985 é um dos dois melhores Champagnes que já provamos; o outro é o Krug, de 1928.

Champagne Rosé

Os Champagnes rosé também podem ser de safra ou não. Geralmente, Pinot Noir e Chardonnay são as únicas uvas usadas, em proporções que variam de uma casa para outra.

Em geral, os fabricantes criam um Champagne rosé colocando um pouco de vinho tinto de Pinot Noir no corte para o vinho base. Alguns, na verdade, vinificam suas uvas tintas para vinhos rosé, como se fossem fazer um vinho rosé comum, e o utilizam como vinho base. As cores variam bastante, desde cor de casca de cebola a cor de salmão (os de cor mais clara, em geral, são mais secos).

Os rosés são mais encorpados e arredondados que os outros Champagnes, e são mais bem apreciados junto com as refeições. Como são associados ao romance, são escolhas populares para aniversários de casamento e Dia dos Namorados.

Categorias de doçura

CUIDADO!

Os Champagnes sempre têm uma indicação de sua doçura no rótulo, mas as palavras utilizadas para indicá-la são enigmáticas: extra seco significa não muito seco, por exemplo. Em ordem crescente de doçura, os Champagnes são rotulados:

- **Extra Brut, brut nature** ou **brut sauvage:** totalmente seco.
- **Brut:** seco.
- **Extra dry:** meio seco.
- **Sec:** levemente doce.
- **Demi-sec:** meio doce.
- **Doux:** doce.

Produtores recomendados de Champagne

DICA

Moët & Chandon é, de longe, a maior casa de Champagne. Em termos de vendas mundiais, outras grandes marcas são Veuve Cliquot, Mumm, Vranken, Laurent-Perrier, Pommery, Nicolas Feuillate e Lanson. As listas a seguir citam alguns de nossos produtores preferidos, agrupados de acordo com o estilo de seu Champagne: leves, encorpados ou espessos.

Estilos leves, elegantes

Laurent-Perrier
Taittinger
Ruinart
Jacquesson
Pommery
Piper-Heidsieck
G. H. Mumm
Bruno Paillard
Perrier-Jouët
J. Lassalle*
Billecart-Salmon

Estilos encorpados

Charles Heidsieck
Pol Roger
Moët & Chandon
Deutz
Cattier*
Philipponnat

Estilos bem ecorpados

Krug
Louis Roederer
Bollinger
Gosset
Veuve Cliquot
Alfred Gratien*
Delamotte
Salon*
Paul Bara*

**Pequeno produtor; pode ser difícil de encontrar.*

A seguir, uma lista de nomes, em ordem aleatória de preferência, de casas de Champagne cujos Champagnes de safra e prestige cuvées têm sido muito bons ultimamente.

- **Louis Roederer:** Cristal.
- **Krug:** Grande Cuvée, Vintage, NV Rosé (sem safra), Clos du Mesnil.
- **Bollinger:** Grande Année, Blanc de Noirs Vieilles Vignes.
- **Moët & Chandon:** Dom Pérignon.
- **Charles Heidsieck:** Blanc des Millenaires.
- **Veuve Cliquot:** Vintage, La Grande Dame.
- **Gosset:** Celebris, Celebris Rosé, Grande Réserve NV (sem safra).
- **Philipponnat:** Clos des Goisses.
- **Pol Roger:** Cuvée Sir Winston Churchill.
- **Salon:** Vintage Blanc de Blancs.
- **Taittinger:** Comtes de Champagne, Comtes de Champagne Rosé.
- **Billecart-Salmon:** Blanc de Blancs, Cuvée Elisabeth Salmon Rosé.

- **Deutz:** Cuvée William Deutz, Cuvée William Deutz Rosé.
- **Pommery:** Cuvée Louise, Cuvée Louise Rosé.
- **Jacquesson:** Signature, Signature Rosé.
- **Laurent-Perrier:** Grand Siècle.
- **Ruinart:** Dom Ruinart Blanc de Blancs.
- **Perrier-Jouët:** Fleur de Champagne Blanc de Blancs, Fleur de Champagne, Fleur de Champagne Rosé.
- **Lanson:** Noble Cuvée.
- **Piper-Heidsieck:** Champagne Rare.
- **Alfred Gratien:** Cuvée Paradis (Sem Safra).
- **Cattier:** Clos du Moulin (Sem Safra).

Spumantes

Spumante é a palavra em italiano para "espumante". Esta palavra geralmente aparece nas garrafas de vinhos estadunidenses subprodutos doces e frutados do clássico Spumante Asti. Na verdade, a Itália produz muitos vinhos spumante de boa qualidade e secos; um vinho popular, levemente espumante, chamado *Prosecco* e um spumante doce.

DICA

Como o frescor é essencial em um Asti, compre uma boa marca, que venda bem. O Asti não tem ano de safra, então, não existe outra maneira de determinar a idade do vinho. Recomendamos o Fontanafredda (entre 14 e 15 dólares), Martini & Rossi (12 dólares) e Cinzano (aproximadamente 10 dólares).

O Prosecco é, principalmente, um vinho *frizzante*, mas também pode ser um spumante aperitivo de baixo teor alcoólico. A maioria dos Proseccos tem denominação DOC de Valdobbiadene ou Conegliano (ou, em alguns casos, ambos), que são dois vilarejos da região de Veneto. Escolha entre os mais notáveis spumantes que experimentamos:

- **Itália**: produz muitas opções de espumantes secos nas zonas de Oltrepò-Pavese e Franciacorta, na Lombardia, e em

Trentino. Os vinhos espumantes secos italianos são muito secos, com pouca ou nenhuma dosagem de açúcar, como o Gancia Brut e Berlucchi Cuvée Imperiale Brut, os moderadamente baratos ou com preços médios como o Ferrari Brut e o Banfi Brut (por aproximadamente 23 dólares) e o Bellavista, Cà del Bosco, Giulio Ferrari e Bruno Giacosa Extra Brut, entre 35 e 40 dólares ou mais.

- **França**: além do Champagne, há o vinho espumante feito pelo método tradicional (segunda fermentação na garrafa) geralmente tem o nome de *Crémant*, como em Crémant d'Alsace, Crémant de Loire, Crémant de Bourgogne. Do Vale do Loire, perto de Saumur, tem-se Langlois-Château, Bouvet Ladubay, Gratien & Meyer.
- **Estados Unidos**: de Nova York, pelo método tradicional, temos o Chateau Frank e Lamoureaux Landing, ambos custando menos que 20 dólares. Do Novo México, temos o Gruet que leva um Brut Sem Safra, um Blanc de Noirs Sem Safra, ambos custando aproximadamente 18 dólares, e um Blanc de Blancs de Safra, a 24 dólares. Da Califórnia, há o Korbel, vendido por aproximadamente 15 dólares, é a única marca que é realmente fermentada na garrafa.
- **Espanha**: um vinho de qualidade por apenas 10 dólares é o Cava, da região de Penedés, perto de Barcelona. Um Cava de safra, com mais qualidade, é uma boa compra por 16 dólares.
- **Austrália**: há um espumante muito bom, que custa 10 dólares, chamado Seaview Brut; prove o diferente Shiraz espumante tinto do Seaview, que custa aproximadamente 12 dólares.
- **Nova Zelândia**: recomendamos o da Propriedade Highfield, em Marlborough.
- **África do Sul**: no sul, há um espumante brut sul-africano impressionante, de Propriedade Boschendal, no Vale Franschhoek, que se chama Le Grand Pavillion (custa entre 13 e 15 dólares).

Comprando e Servindo Espumantes

O vinho espumante fica melhor gelado, entre 7º e 8º C, embora algumas pessoas o prefiram menos gelado, a 11º C. Gostamos da temperatura mais fria, pois ela ajuda o vinho a manter sua efervescência — além dele esquentar muito rápido na taça. Como os Champagnes mais antigos e os Champagnes de Safra são mais complexos, você pode resfriá-los menos que os Champagnes sem safra ou que vinhos espumantes mais jovens.

DICA

Nunca deixe uma garrafa de vinho espumante aberta sobre a mesa, a não ser que esteja dentro de um balde de gelo (metade de água gelada e metade de gelo), pois ele esquentará rapidamente. Utilize uma rolha para vinho espumante para manter o espumante que sobra fresco por alguns dias — na geladeira, é claro.

DICA

Não sirva um vinho espumante brut seco (ou extra seco) com sobremesa. Estes estilos são secos demais. Com frutas frescas e sobremesas não muito doces, experimente um Champagne demi-sec. Com sobremesas mais doces (ou bolo de casamento), recomendamos o Asti.

Capítulo 15

As Estradas Menos Conhecidas dos Vinhos: Vinhos Fortificados e de Sobremesa

Neste Capítulo

- Conhecendo o vinho mais versátil do mundo
- Usando 80 uvas em um vinho
- Durando 200 anos
- Achando ouro líquido em uvas podres

Os vinhos que agrupamos como *vinhos fortificados* e *vinhos de sobremesa* não são bebidas que você deseja consumir todos os dias. Alguns deles têm muito mais álcool do que os vinhos comuns, e outros são extremamente doces (raros e caros!). Estes vinhos são equivalentes a um doce muito gostoso — delicioso o suficiente para viciá-lo se beber todos os dias. Então, deve-se tratá-los como guloseimas, uma taça antes ou depois do jantar, uma garrafa quando tiver companhia, um pouco mais para comemorar o início de sua dieta — amanhã.

O Momento É Tudo

Muitos vinhos apreciados antes do jantar, como vinhos de aperitivo, ou após o jantar, como vinhos de sobremesa, fazem parte da categoria de *vinhos fortificados* (chamados de *vinhos licorosos* pela União Europeia). Todos os vinhos fortificados têm álcool adicionado em algum ponto de sua fabricação, dando-lhes uma graduação alcoólica de 16% a 24%.

O ponto em que o álcool é adicionado determina se os vinhos são naturalmente doces ou secos.

- Quando fortificado com álcool *durante* a fermentação, os vinhos são doces, pois o álcool adicionado interrompe a fermentação, deixando o açúcar natural, não fermentado, no vinho (veja o Capítulo 1 para uma explicação sobre fermentação). O Porto é o exemplo clássico deste processo.
- Quando fortificado *depois* da fermentação (depois que todo o açúcar da uva é transformado em álcool), os vinhos são secos (a não ser que sejam adoçados depois). Jerez é o exemplo clássico deste processo.

Alguns dos vinhos que chamamos de vinhos de sobremesa não têm álcool adicionado. Eles ficam doces porque as uvas estão no lugar certo e na hora certa — quando a podridão nobre ataca. Outros vinhos de sobremesa são doces porque os fabricantes colhem uvas bastante maduras (mas não estragadas) e as secam antes da fermentação para concentrar seu suco, ou deixam as uvas congelarem — outras maneiras de transformar o suco de uva em um néctar dos deuses.

Jerez: Um Vinho Mal Compreendido

O Jerez é um vinho de verdadeira qualidade e diversidade, mas permanece escondido da maior parte do mundo. De certa forma, isso não é ruim, pois o preço de um bom Jerez é atraentemente baixo.

A uva Palomino — a principal cepa usada no Jerez — só cresce na região quente de Jerez, no solo *albariza*. A uva Palomino é um fiasco total para a produção de vinhos comuns, pois seu sabor é neutro demais e é pouco ácida, mas é perfeita para a produção de Jerez. Duas outras variedades de uva, Pedro Ximénez e Moscatel (Muscat), são usadas para tipos de sobremesa de Jerez.

O fenômeno da flor

O Jerez tem dois tipos básicos: *fino* (leve, muito seco) e *oloroso* (rico e encorpado, mas também seco). Os doces são feitos com a adição de açúcar a qualquer um dos tipos. Após a fermentação, o fabricante de vinho decide quais serão finos ou olorosos julgando a aparência, o aroma e o sabor dos vinhos jovens e fortificados. Se o vinho tiver que ser fino, o fabricante o fortifica levemente (até que seu nível de álcool alcance aproximadamente 15,5%). Ele fortalece os futuros olorosos até que fiquem com 18% de álcool.

Neste ponto, quando os vinhos estão nas pipas, acontece a mágica especial do Jerez: uma levedura chamada *flor* cresce espontaneamente na superfície dos vinhos destinados a serem finos. A flor chega a cobrir toda a superfície, protegendo o vinho da oxidação. A flor alimenta-se do oxigênio do ar e do álcool e da glicerina do vinho. Ela muda a personalidade do vinho, conferindo um aroma e um sabor distintos, proporcionando uma textura mais fina e delicada.

A flor não cresce nos vinhos que serão olorosos, pois sua alta graduação alcoólica não deixa. Sem a proteção da flor (e como as pipas nunca são cheias até a borda), estes vinhos ficam expostos ao oxigênio conforme envelhecem. A oxidação deliberada protege os olorosos de se oxidarem ainda mais — por exemplo, depois que abrimos garrafa.

Envelhecimento conjunto

O vinho jovem não envelhece sozinho (como aconteceria com a maioria dos vinhos), mas é colocado em pipas de vinho mais velho, que já estão envelhecendo. Para abrir espaço para o vinho mais jovem, um pouco do vinho mais antigo é retirado das pipas e adicionado a pipas de vinhos ainda mais antigos. No final desta cadeia, de quatro a nove gerações depois do vinho jovem, um pouco do Jerez finalizado é retirado das pipas mais antigas e engarrafado para a venda.

Este sistema de misturar vinhos chama-se *solera*. A palavra, *solera* (chão), também é usado para identificar as pipas do vinho mais velho. Conforme cada vinho jovem se mistura com o mais velho, ele adquire as características dele; em alguns meses, o vinho de cada geração não pode ser diferenciado do que era antes de ser revigorado com o vinho jovem. Alguns olorosos envelhecidos por mais de dez anos podem ter até 24% de álcool, comparados aos iniciais 18%.

Entre os Jerez secos, estes são os principais estilos:

- **Fino:** pálido, com cor de palha, de corpo leve, seco e delicado. São sempre maturados sob a flor, tanto em Jerez quanto em Puerto Santa María. Eles têm entre 15% e 17% de álcool. Depois de perderem a flor protetora (no engarrafamento), os finos ficam muito vulneráveis à oxidação, portanto, é preciso armazená-los em um local frio, consumi-los jovens e refrigerá-los após abertos.
- **Manzanilla:** pálido, com cor de palha, delicado, leve, com sabor forte e muito seco, feito apenas em Sanlucar de Barrameda. O clima marítimo temperado faz com que a flor fique mais espessa nesta cidade e, portanto, o manzanilla é o mais seco e pungente deles. Cuide dele de modo similar ao Jerez fino.
- **Manzanilla pasada:** foi envelhecido em pipa por sete anos e perdeu sua flor. Sua cor puxa mais para o âmbar do que o manzanilla fina e é mais encorpado. Ele fica próximo do amontillado seco, mas ainda é firme e pungente. Servir frio.
- **Amontillado:** um fino envelhecido que perdeu sua flor no processo de envelhecimento na pipa. Sua cor é âmbar profundo e ele é mais rico e amendoado do que os estilos anteriores. O *Amontillado* é seco, mas retém um pouco da pungência de sua flor perdida. O verdadeiro amontillado é bastante raro; os melhores custam entre 25 e 40 dólares. Suspeite dos Jerez mais baratos rotulados como "amontillado". Servir levemente frio e terminar a garrafa em até uma semana.
- **Oloroso:** de um tom dourado escuro a marrom profundo (depende da idade), encorpado, com aroma e sabor ricos de uvas passas, porém, seco. Os olorosos não têm a delicadeza e a pungência dos "Jerez" finos (flor). Em geral, eles têm entre 18 e 20% de álcool e a garrafa pode ficar aberta por algumas semanas. Servir em temperatura ambiente.
- **Palo cortado:** o mais raro de todos, começa como fino, com flor, e desenvolve-se como o amontillado, perdendo a flor. Em seguida, por alguma razão, ele começa a lembrar o estilo mais rico e fragrante do oloroso ao mesmo tempo em que retém a elegância de um amontillado. Em cor e teor alcoólico, é

similar a um oloroso mas seu aroma é bem parecido com o do amontillado. Fique atento às imitações baratas. Servir em temperatura ambiente. Conserva-se como os olorosos.

O Jerez doce é um Jerez seco que foi adoçado. O adoçamento pode ser feito de muitas maneiras, como pela adição do suco das uvas Pedro Ximénez, que foram secas como uvas passas. Todos os estilos doces de Jerez a seguir ficam melhores se servidos em temperatura ambiente:

- **Medium:** amontillados e olorosos leves que foram levemente adoçados. Tem cor marrom claro.
- **Pale Cream:** feito a partir da mistura do fino com o amontillado e levemente adoçado. Ele tem uma cor dourada clara. O Pale Cream é um estilo bastante novo.
- **Cream:** os Jerez cremoso e o "leitoso", mais leve, são *amorosos* (termo para os olorosos adoçados).
- **Brown:** um Jerez bem escuro, rico, doce, para sobremesa, geralmente tem o estilo rústico do oloroso.
- **East India:** um tipo de Brown Jerez que foi bastante adoçado e colorido.
- **Pedro Ximénez** e **Moscatel:** Jerez para sobremesa, extremamente doce, marrom escuro e com consistência de xarope. Geralmente com menos álcool, são feitos com uvas passas destas duas variedades. Jerez rotulados como varietais que são bastante raros atualmente.

Alguns vinhos de outras partes do mundo, principalmente dos Estados Unidos, também se chamam "Jerez". Muitos deles são vinhos baratos, vendidos em garrafas grandes. Ocasionalmente, é possível encontrar um bom, mas, em geral, eles são doces e ruins. O Jerez autêntico só é feito na região de Jerez, na Espanha, e tem o nome oficial de *Jerez-Xerès-Jerez* (os nomes em espanhol, francês e inglês da cidade) no rótulo.

Servindo e armazenando o Jerez

Os finos e manzanillas devem ser frescos. Compre-os em lojas de rápida renovação de estoque; um fino ou um manzanilla que estão na prateleira há vários meses não proporcionarão a experiência autêntica destes vinhos.

DICA

Gostamos de comprar meias-garrafas de fino e manzanilla para que não tenhamos sobras para oxidar. Estes, e todos os Jerez, podem ser armazenados em pé. Entretanto, procure não guardar garrafas de fino ou manzanilla por mais de três meses. O teor alcóolico mais alto e o envelhecimento oxidante de outros tipos de Jerez (amontillado, oloroso, palo cortado e todos os Jerez doces) permitem que você os guarde por vários meses.

O Jerez manzanilla e o fino são ideais para acompanhar amêndoas, azeitonas, camarões ou camarões de água doce, todos os tipos de frutos do mar e os maravilhosos tapas dos restaurantes e bares espanhóis. Os Jerez amontillados podem acompanhar tapas antes do jantar, mas também ficam bons à mesa, com sopas leves, queijo, presunto ou linguiças (principalmente o tipo espanhol *chorizo*). Os olorosos e palo cortados secos ficam melhores com nozes, azeitonas e queijos duros (como o excelente queijo espanhol de leite de ovelha, o Manchego). Todos os Jerez doces podem ser servidos com sobremesas após o jantar, ou apreciados sozinhos.

Jerez recomendados

BARGANHA

Os Jerez estão entre os vinhos de boa qualidade do mundo e é possível comprar bons Jerez genuínos por 7 ou 8 dólares. Mas se quer provar os melhores vinhos terá que gastar 15 dólares ou mais. A seguir, alguns de nossos Jerez preferidos, separados por tipo.

Fino

- Todos estes Jerez fino custam entre 15 e 18 dólares: Tío Pepe, de González Byass; La Ina, de Pedro Domecq; Jarana, de Emilio Lustau; Inocente, de Valdespino.

Manzanilla

- La Gitana, de Hidalgo (uma ótima compra, por 12 dólares, e 9 dólares a garrafa de 500 ml); também o Manzanilla Pasada, de Hidalgo, por aproximadamente 20 dólares.

Amontillado

- Para comprar um Amontillado verdadeiro, escolha uma das seguintes marcas: Del Duque, de González Byass (o verdadeiro, por 48 dólares; 27 dólares a meia garrafa); Emilio Lustau (qualquer um de seus amontillados com o rótulo Almacenista, entre 35 e 40 dólares) Napoleon, de Hidalgo (aproximadamente 18 dólares); Solera A.O.S., de Osborne (40 dólares).

Oloroso

- Matusalem, de González Byass (48 dólares; meia garrafa, 27 dólares); Emilio Lustau (qualquer um de seus olorosos com rótulo Almacenista, de 35 a 40 dólares);"Very Old", de Osborne (38 dólares).

Palo cortado

- Você encontra imitações também nesta categoria. Os verdadeiros Palo cortados são bastante raros: Apostoles, de González Byass (48 dólares; meia garrafa 27 dólares); Emilio Lustau (qualquer um de seus palo cortados com rótulo Almacenista, de 35 a 40 dólares); Jerez Cortado, de Hidalgo (aproximadamente 35 dólares).

Cream

- Armada Cream, de Sandeman (aproximadamente 12 a 13 dólares); Rare Cream Solera reserva, de Emilio Lustau (25 a 27 dólares).

East India, Pedro Ximénez, Moscatel

- Emilio Lustau (uma marca de qualidade para os três Sherries; todos custam aproximadamente 25 dólares); Pedro Ximénez "Noe", de González Byass (48 dólares; meia garrafa, 27 dólares).

Marsala, Vin Santo e a Gangue

Na Itália há um vinho fortificado, feito a partir de castas locais de uva: o Marsala. Ele é fortificado depois da fermentação, como o Jerez e pode ser seco, meio-seco, doce ou ainda âmbar, dourado e tinto, mas os melhores Marsalas têm a palavra *Superiore* ou — ainda melhor — *Vergine* ou *Vergine Soleras* no rótulo. O Marsala Vergine não é adoçado e não tem cor e é mais envelhecido que os outros estilos. Marco de Bartoli é o mais aclamado produtor de Marsala seco. Pellegrino, Rallo e Florio são produtores maiores.

A região da Toscana é orgulhosa, e com razão, de seu Vin Santo, um vinho de cor âmbar dourada, feito à partir de uvas secas e envelhecido em barril por vários anos. O Vin Santo pode ser seco, meio-seco ou doce.

Porto: A Glória de Portugal

O Porto é o melhor vinho tinto fortificado. Para garantir que os vinhos portugueses fossem estáveis o suficiente para atravessarem o mar, os ingleses colocavam um pouco de conhaque no vinho, e o resultado foi um Porto precoce. O Porto tem esse nome por causa da cidade do Porto, situada onde o Rio Douro deságua no oceano Atlântico. Porém, seus vinhedos ficam longe, no quente e montanhoso Vale do Douro. Em seguida, grande parte dele viaja pelo rio até a costa. O vinho embarcado é finalizado e maturado nos alojamentos de Vila Nova de Gaia, subúrbio do Porto, enquanto a maioria dos pequenos produtores matura seus vinhos no Vale. De Porto, o vinho é enviado para o mundo todo.

Uma tempestade de Porto

A seguir, uma breve descrição dos principais estilos, do mais simples ao mais complexo:

- **Porto Branco:** feito com uvas brancas, este vinho de cor dourada pode ser muito seco ou doce. Não conseguimos descobrir por que ele existe — os Jerez e o Sercial Madeiras (discutidos mais adiante neste capítulo) são melhores como aperitivos, e os Portos tintos são muito superiores como vinhos doces — até que nos serviram um Porto branco com tônica e gelo. Servido dessa maneira, o Porto branco pode ser um ótimo aperitivo para um dia quente.
- **Porto Ruby:** este estilo jovem e sem safra é envelhecido em madeira por aproximadamente três anos antes do lançamento. Frutado, simples e barato (aproximadamente 12 dólares para as grandes marcas), é o tipo de Porto mais vendido. Se estiver rotulado como *Reserve* ou *Special Reserve*, o vinho deve ter

envelhecido por seis anos e custa um pouco mais. O Porto Ruby é uma boa introdução ao mundo do vinho do Porto.

- **Porto Vintage Character:** apesar de seu nome, este vinho não é um Porto de safra específica — ele só tenta ter o sabor de um. O Porto Vintage Character é, na verdade, uma mistura ruby premium de vinhos de qualidade superior, de várias safras, e maturado em madeira por, aproximadamente, cinco anos. Encorpado, rico e pronto para beber quando lançado, este vinho é uma boa compra, custando entre 17 e 19 dólares. Porém, os rótulos nem sempre informam *Vintage Character*; ao invés disso, geralmente trazem nomes de proprietários como Founder's Reserve (de Sandeman); Bin 27 (Fonseca); Six Grapes (Graham); First Estate (Taylor Fladgate); Warrior (Warre) e Distinction (Croft) (como se *Vintage Character* já não fosse confuso o suficiente!).

- **Porto Tawny:** Tawny é o estilo mais versátil de Porto. Os melhores tawnies são vinhos de boa qualidade, que passam a ter uma cor tijolo claro ou vermelho-amarronzado durante seu longo envelhecimento em madeira. Seus rótulos levam uma indicação de sua idade média (a idade média dos vinhos que foram misturados) — 10, 20, 30 ou mais de 40 anos. Os tawnies de 10 anos custam, aproximadamente, 30 dólares; os de 20 anos são vendidos por 45 a 50 dólares; e os de 30, 40 anos ou mais são ainda mais caros (de 90 a mais de 100 dólares). Consideramos os tawnies de 10 e 20 anos as melhores compras; nem sempre os mais velhos valem o que custam. Os Portos Tawny são mais finos que os outros estilos e são apropriados tanto como aperitivos quanto para depois do jantar. Os tawnies mais baratos, vendidos praticamente pelo mesmo preço dos Rubys têm, em geral, sabor mais fraco e não valem a pena.

DICA

Um Porto Tawny sério pode ser apreciado em climas quentes (até mesmo com alguns cubos de gelo), onde um Porto Vintage seria muito pesado e tânico.

- **Porto Colheita:** geralmente confundido com o Porto Vintage por ter a data da safra, o Colheita é, na verdade, um tawny de uma única safra. Em outras palavras, ele envelheceu (e suavizou e ficou como o tawny) em madeira durante muitos anos. Ao contrário de um tawny envelhecido, no entanto, ele é um vinho de um ano só. Niepoort é uma das poucas casas de Porto especializadas no Porto Colheita. Ele pode ser muito bom, mas as safras mais antigas são bastante caras (por volta de 100 dólares). Smith Woodhouse e Delaforce oferecem Portos Colheita por 50 dólares ou menos.

- **Late Bottled Vintage (LBV) (Porto safrado engarrafado tardiamente:** este tipo *é* de uma safra específica, mas não de um ano excepcional. O vinho envelhece de quatro a seis anos em madeira antes de ser engarrafado e, em seguida, está pronto para o consumo, ao contrário do Porto Vintage. Bastante encorpado, mas não forte como o Vintage, ele é vendido por aproximadamente 18 a 23 dólares.

- **Porto Vintage:** o ápice da produção de Porto, ele é o vinho de uma mistura de um único ano dos melhores vinhedos de uma casa. Ele é engarrafado aos dois anos de idade, antes que o vinho tenha muitas oportunidades de liberar seus fortes taninos. Portanto, ele exige uma enorme quantidade de envelhecimento em garrafa para finalizar o desenvolvimento que não aconteceu na madeira. O Porto Vintage, em geral, não está maduro (pronto para o consumo) antes de 20 anos de sua safra.

  Como é muito rico e bastante tânico, este vinho tem muito sedimento e *deve* ser decantado, de preferência várias horas antes de ser consumido (ele precisa ser airado). O Porto Vintage pode durar 70 anos ou mais nas melhores safras.

  A maioria dos bons Porto Vintage é vendida por 75 a 100 dólares quando são colocados no mercado (anos antes de poderem ser consumidos). Os Porto Vintage maduros podem custar muito mais de 100 dólares. A produção de um Porto Vintage leva a uma *declaração da safra* (um termo muito ouvido nos círculos de Porto) da parte de uma casa de Porto individual.

- **Porto Single Quinta Vintage:** são Porto Vintage de uma única propriedade (*quinta*) que, em geral, é a melhor propriedade do produtor (como o Vargellas, de Taylor, e o Malvedos, de Graham). São produzidos em bons anos, mas não com as melhores safras, pois as uvas das melhores safras entram na mistura do Porto Vintage. Eles têm a vantagem de serem mais prontos para o consumo do que os declarados Porto Vintage — e custam menos da metade do preço — e, também, de serem lançados quando já estão maduros. Entretanto, é preciso decantá-los e aerá-los antes de servir. Algumas casas de Porto são também uma propriedade única, como a Quinta do Noval, Quinta do Infantado e a Quinta do Vesuvio. Quando uma casa como estas produz um Porto com data de safra, ele é um Porto Vintage e também um Porto Single Quinta. Mas isso são minúcias.

Armazenando e servindo Porto

Sirva o Porto em temperatura ambiente fria, 18 °C. embora o Porto Tawny possa ser muito revigorante quando servido frio em um dia quente. Os complementos clássicos para o Porto são avelãs e queijos fortes, como Stilton, Gorgonzola, Roquefort, Cheddar e Gouda curado.

Produtores recomendados de Porto

DICA

O Porto é um dos vinhos mais consistentes. Organizamos nossos produtores de Porto preferidos em duas categorias — excelentes e muito bons — em ordem de preferência. Como é de se esperar, os vinhos do primeiro grupo tendem a ser um pouco mais caros:

- ***Excelentes:*** Taylor-Fladgate, Dow, Fonseca, Mith-Woodhouse, Graham, Cockburn, Quinta do Noval “Nacional“.
- ***Muito bons:*** Ramos Pinto, Ferreira, Warre, Cálem, Quinta do Noval, Churchill, Niepoort, Delaforce, Croft, Gould Campbell, Sandeman, Martinez, Quinta do Infantado, Osborne, Quinta do Vesuvio, Offley, Rozes.

DICA

Safras recentes e boas do Porto Vintage incluem 2000, 1994, 1992 e 1991, com 2003 e 2004 (lançada no início de 2007), sendo boas promessas para o futuro. Para ver uma lista completa das safras de Porto Vintage.

Vida Longa ao Madeira

O lendário vinho chamado Madeira vem de uma ilha de mesmo nome, situada no Oceano Atlântico, mais perto da África do que da Europa. Madeira é uma ilha subtropical onde os vinhedos surgem desde a linha do oceano. A ilha é uma província de Portugal, mas os ingleses sempre dirigiram o comércio do vinho. Historicamente, o Madeira seria considerado um pouco americano, pois era o vinho que os colonizadores americanos bebiam.

O Madeira pode afirmar ser o vinho mais longevo do mundo. No século XIX, mais de 70 empresas enviavam o Madeira para o mundo todo; atualmente, existem apenas seis: Barbeiro, H. M. Borges, Henriques & Henriques, Justino Henriques, a Madeira Wine Company (a maior de todas, uma junção de quatro empresas — Blandy's, Cossart Gordon, Leacock's e Miles) e Pereira d'Oliveira. Os melhores vinhos Madeira ainda são os antigos, os vinhos de safra de 1795 a 1920. Surpreendentemente, ainda é possível encontrar alguns Madeiras do século XIX. Os preços também não são exorbitantes (de 300 a 400 dólares por garrafa), considerando-se o preço de outros vinhos com a mesma idade, como o Bordeaux.

Atemporal, indestrutível e saboroso

O melhor Madeira tem quatro estilos, dois secos e dois doces. Os Madeiras mais doces, em geral, têm sua fermentação interrompida precocemente pela adição de álcool. Os Madeiras mais secos têm álcool adicionado após a fermentação. Uma curiosidade de grande parte da produção de Madeira é um processo de cozimento chamado *estufagem*, que segue a fermentação. O fato de que o Madeira melhora com o calor foi descoberto no século XVII. No processo de estufagem, o Madeira passa pelo menos três meses, geralmente mais, em tanques aquecidos, em *estufas*. Os açúcares do vinho são caramelizados e o vinho fica *madeirizado* (oxidado através do calor) sem desenvolver qualquer aroma ou sabor desagradável.

Uma maneira mais trabalhosa e consideravelmente mais cara de aquecer o Madeira é o método *canteiro*, no qual os barris são deixados em celeiros quentes ou expostos ao sol (o clima é quente o ano inteiro) por até três anos. A mesma metamorfose mágica acontece nos vinhos. O método *canteiro* é melhor para o Madeira, pois os vinhos retêm sua alta acidez, sua cor e seu extrato muito melhor com o método mais lento e natural; somente os Madeiras mais finos usam esse método de envelhecimento.

Finalização sem fim

Tecnicamente, quase todos os melhores Madeira começam como um vinho branco, mas o processo de aquecimento e anos de maturação lhe dão uma cor âmbar. Ele tem um aroma e um sabor penetrantes, que são únicos, e a finalização mais longa encontrada no mundo inteiro. Quando o Madeira é feito com qualquer uma das cinco castas nobres da ilha (listadas mais adiante nesta seção), o nome da uva indica o estilo. Quando o Madeira não tem um nome de uva — e a maioria dos Madeira jovens não tem — as palavras *seco*, *meio-seco*, *meio-doce* e *doce* indicam o estilo.

O Madeira Vintage deve passar pelo menos 20 anos em um barril, porém, antigamente, o envelhecimento era ainda mais longo. Alguns dos vinhos mais memoráveis que já provamos eram Madeiras antigos e, portanto, temos medo de nos deixarmos empolgar um pouco. Seu aroma é divino, e você continua sentindo o gosto do vinho muito tempo depois de tê-lo engolido. Cuspir está fora de questão. Não há palavras suficientemente adequadas para descrever este vinho.

Não é preciso se preocupar se o Madeira vai ficar velho demais. Ele é indestrutível.

DICA

Se um Madeira estiver datado com a palavra *Solera* — por exemplo: "Solera 1890" — ele *não é* um Madeira Vintage, mas uma mistura de diversas safras mais jovens cujo barril original, ou solera, data de 1890. Os Madeira com Solera e data podem ser muito bons e, em geral, não são tão caros — nem tão bons — quanto os Madeira Vintage.

Madeiras Vintage, Colheita e Solera com data são feitos à partir de uma única variedade de uva e são rotulados como varietais. As uvas incluem cinco variedades nobres de uvas brancas e uma variedade menos nobre de uva vermelha. Cada variedade corresponde a um estilo específico de vinho

Sauternes e os Vinhos Nobremente Podres

Outonos quentes e enevoados encorajam o crescimento de um fungo chamado *botrytis cinerea* nos vinhedos. Apelidado de *podridão nobre*, o *botrytis* concentra o líquido e o açúcar nas uvas, fornecendo ao fabricante de vinhos um suco rico para ser fermentado. Os melhores vinhos nobremente podres são feitos no distrito de Sauternes de Graves (Bordeaux) e na Alemanha, mas também são produzidos na Áustria e na Califórnia, entre outros lugares.

Sauternes: ouro líquido

Sauternes é um vinho muito trabalhoso. As uvas devem ser colhidas à mão; os funcionários passam pelo vinhedo diversas vezes — às vezes, em períodos de semanas — cada vez selecionando apenas as uvas infectadas pelo *botrytis*. A produção é baixa. As vezes, a colheita dura até novembro, mas de vez em quando o tempo ruim de outubro frustra todas as esperanças de produzir um vinho de uvas brotrytisadas. Geralmente, somente duas de quatro safras por década produzem bons Sauternes.

Consequentemente, um bom Sauternes custa caro. Os preços variam de 45 ou 50 dólares por garrafa até 300 dólares (dependendo da safra) para o Château d'Yquem. Dentre os melhores Sauternes, d'Yquem sempre foi premiado pelos colecionadores. Ele foi o único Sauternes a receber o status de *premier gran cru* da primeira Classificação de Bordeaux, em 1855.

Minando o ouro

O distrito vinífero de Sauternes inclui cinco comunas na parte mais ao sul de Graves (uma delas chamada Sauternes). Uma das cinco, Barsac, pode ter sua própria denominação; os vinhos Barsac são um pouco mais leves e menos doces que o Sauternes. O Rio Garonne e o Ciron, um importante afluente, produzem as névoas que incentivam o crescimento do *botrytis cinerea* nas uvas.

Após dez ou quinze anos, a cor do Sauternes muda de um dourado leve para um ouro envelhecido, às vezes com tons alaranjados e âmbar. Neste ponto, o vinho perde um pouco de sua doçura e desenvolve sabores que lembram damascos, casca de laranja e mel e balas de leite.

Este estágio é o melhor para o consumo do Sauternes. Quanto melhor a safra, mais tempo o Sauternes demora para atingir este estágio, mas uma vez lá, ele permanece neste platô por muitos anos — às vezes, décadas — e gradualmente adquire uma cor âmbar escura ou marrom claro. Mesmo nestes estágios finais, o Sauternes retém alguns de seus sabores complexos.

Nas boas safras, o Sauternes pode envelhecer por 50, 60 anos ou mais. Château d'Yquem e Château Climens são particularmente longevos. Recentemente, tomamos meia-garrafa de um Château d'Yquem de 1893 que estava glorioso!

DICA

O Sauternes é melhor quando servido frio, mas não gelado, aproximadamente 1[illegible] °C. O Sauternes maduro pode ser servido um pouco mais quente. Como o vinho é muito rico, o Sauternes é ideal para acompanhar *foie gras,* embora, normalmente, o vinho seja muito mais gostoso após o jantar do que como aperitivo. Para acompanhar sobremesas, o Sauternes é muito bom com frutas maduras, bolos de sabor limão ou bolo-inglês.

As três castas de uvas autorizadas são Sémillon, Sauvignon Blanc e Muscadelle — embora esta última seja utilizada apenas por alguns chateaux e, mesmo assim, em quantidades pequenas. A Sémillon é a rainha de Sauternes. A maioria dos produtores usa pelo menos 80% de Sémillon em sua mistura.

Sauternes recomendados

VALE A PENA PROCURAR

Todos os Sauternes da lista à seguir variam de fantásticos a bons. Para Sauternes, as safras são tão importantes quanto no restante de Bordeaux.

Fantásticos

- **Château d'Yquem** (pode durar 100 anos); **Château de Fargues** (custa por volta de 100 dólares); **Château Climens** (vendido por 75 dólares); **Château Coutet** (de 55 a 60 dólares).

Excelentes

- **Château Suduiraut** (grandioso, de 60 a 65 dólares); **Château Rieussec** (luxuoso, de 65 a 70 dólares); **Château Raymond-Lafon** (aproximadamente 60 dólares).

Muito Bons

- **Château Lafaurie-Peyraguey; Château Latour Blanche; Château Guiraud; Château Rabaud-Promis; Château Sigalas-Rabaud; Château Nairac; Château Doisy-Védrines; Château Doisy-Daëne; Château Clos Haut-Peyraguey.**

Bons

- **Château Bastor-Lamontagne; Château Rayne Vigneau; Château d'Arche; Château de Malle; Château Suau; Château Lamothe-Guignard; Château Romieu-Lacoste; Château Liot ; Château Doisy-Dubroca e Château Filhot.**

Parte VI

Quando Você é Contaminado

A 5ª onda por Rich Tennant

"Quero alguma coisa que combine com um almirante aposentado, um autor de best-sellers e um gênio da mídia."

Nesta parte...

O período de incubação do vírus do vinho é imprevisível. Algumas pessoas se envolvem profundamente no assunto assim que se interessam pelo vinho. Outras pessoas apresentam sintomas leves durante muitos anos antes de sucumbir à paixão. E, acredite se quiser, muitas pessoas são imunes.

Mas assim que você é acometido pelo vírus do vinho, você sabe. Se descobre assinando revistas das quais seus amigos nunca ouviram falar, faz novos amigos com quem não tem quase nada em comum além do interesse pelo vinho, boicota restaurantes com cartas de fora do padrão e planeja suas férias para regiões viníferas!

Capítulo 16

Comprando e Colecionando Vinhos

Neste Capítulo

- Bancando o durão com vinhos duros de encontrar
- Mantendo sua própria lista negra de vendedores de vinho
- Comprando pela internet
- Colecionando vinhos
- Ajudando seu vinho a se manter saudável

Neste capítulo, vamos descobrir porque alguns apreciadores de vinhos conseguem colocar as mãos em garrafas especiais de vinho e outros não. Até hoje.

Vinhos que Bancam os Durões

Quanto mais difícil conseguir determinado vinho, mas desejável ele é. Atualmente, muitos vinhos de baixa produção são vendidos em *alocação*, o que significa que os distribuidores restringem a quantidade que qualquer loja pode comprar, às vezes, limitando as lojas a seis garrafas de um vinho específico. A maioria das lojas, por sua vez, limita uma ou duas garrafas para cada cliente. Alguns vinhos são distribuídos de maneira que estejam disponíveis primeiramente para os restaurantes.

A compra de vinhos é um esporte competitivo. O primeiro colocado consegue comprar o vinho, o segundo, não.

Bancando o Durão

Quando o vinho banca o difícil, você tem que bancar o durão: é preciso procurar além de suas fontes normais de fornecimento. Seus aliados neste jogo são as casas de leilão de vinhos, lojas em outras cidades e, no caso de vinhos domésticos, as próprias vinícolas.

Comprando vinhos em leilões

A vantagem mais clara de se comprar vinhos em casas de leilão é a disponibilidade de vinhos mais velhos e raros. Na verdade, as casas de leilão são a principal fonte de vinhos maduros — sua especialidade. A principal desvantagem de comprar vinhos em leilão é que nem sempre se sabe o histórico de armazenagem — ou *procedência* — do vinho que se quer comprar. Se o vinho vier de uma adega com temperatura controlada de um colecionador famoso de vinhos e, portanto, tem credenciais impecáveis, ele será vendido por um preço muito alto. Além disso, todas as casas de leilão cobram uma comissão de comprador, uma taxa obrigatória de 10 a 15%. Em geral, os preços dos vinhos em leilões variam de justos (raramente, mesmo se encontrar barganhas) a exorbitantes.

Atualmente, Nova York tem um dos mercados de leilão mais quentes do momento com as lojas: Morrell & Company, Sherry-Lehmann, Zachy's e Acker, Merrall & Condit (mais adiante neste capítulo). A Sotheby's Auction House (`www.sothebys.com/wine`) também faz leilões de vinhos. A MW (sigla em inglês para Master of Wine, ou Mestre de Vinhos) e a Christie's Auction House (`www.chrsties.com`) também representam esse mercado.

Em Illinois, The Chicago Wine Company (`www.tcwc.com`) e Hart Davis Hart (`www.hdhwine.com`) são as principais casas de leilão. Na Califórnia, os líderes incluem Butterfield's Auction House (`www.butterfields.com`), The Rare Wine Company (`www.rarewineco.com`) e Christie's Los Angeles.

Também é possível fazer uma oferta online. A Winebid.com (`www.winebid.com`) promove leilões em sua página na internet. Acker, Merrall & Condit, uma loja de vinhos da cidade de Nova York, que conduz leilões ao vivo, também promove um leilão online no endereço `www.ackerwines.com` nos primeiros 12 dias de cada mês;

estes leilões são compostos de lotes excedentes, que não são vendidos nos leilões ao vivo da loja.

Comprando vinho por catálogo ou na internet

Uma vantagem de se comprar vinhos online, examinar catálogos de lojas de vinho e fazer o pedido sem sair da poltrona, é claro a conveniência. Às vezes, a *única* maneira de comprar determinados vinhos é através de catálogos, pois os vinhos mais procurados, feitos em pequenas quantidades, não estão disponíveis em todos os mercados. Se um vinho que você quer está disponível localmente, mas você não mora em um mercado onde o preço é competitivo, pode decidir economizar um pouco de dinheiro — mesmo depois de somar os custos de envio — e pedir o vinho para um vendedor de outra cidade.

Vinho Online no Brasil e no Exterior

As principais páginas na internet para compra de vinhos são as páginas das lojas físicas de vinho, listamos algumas delas aqui:

- Wine Access (`www.wineacess.com`): um shopping onde é possível comprar vinhos de várias lojas dos Estados Unidos ou de vinícolas participantes. Oferece uma seção sobre as tendências e também permite que você se inscreva para receber informações.
- K&L Wines (`www.klwines.com`): uma página aprovada por vendedores, fácil de navegar e com uma lista abrangente e comentada e um blog.
- Wine-Searcher (`www.wine-searcher.com`): oferece busca e lista lojas e preços, inclusive de comerciantes fora dos Estados Unidos.
- The Wine Web (`www.wineweb.com`): permite que você compre vinhos de vendedores ou vinícolas participantes.
- Expand (`www.adegaexpand.com.br`): possui busca por países, regiões, produtores, tipos de vinho e uva, além de histórico de pedidos e sugestões.
- Supermercado Zona Sul (`www.zonasul.com.br`). Encontre vinhos do mundo inteiro neste site.

- Acesse também a tradicional loja www.baccos.com.br.
- Em Aracaju, há o armazém e restaurante Bacco, com vendas virtuais e lista dos vinhos, disponível em: www.armazembacco.com.br.
- No site da Lidador, há ainda massas, queijos, patês e condimentos à venda: www.lidador.com.br.
- Acesse www.abs-rio.com.br, para cursos, degustação e compra.
- A loja Taberna do Vinho (www.tabernadovinho.com.br) traz a opção de busca avançada.

A Urgência de Ter: Colecionando Vinhos

Se você é um colecionador de vinhos, desenvolver uma estratégia de compra de vinhos pode evitar uma coleção de garrafas desinteressantes ou inúteis. O primeiro passo para elaborar uma estratégia de compra de vinho é considerar: quanto vinho você consome; quanto vinho quer ter (e pode armazenar de forma adequada); quanto dinheiro está preparado para gastar com vinho e quais tipos de vinho gosta de beber.

CUIDADO!

Se não houver um equilíbrio entre estes itens, você pode acabar falido, entediado, frustrado ou entrar para o ramo de vinagres!

Equilibrando sua lista

Uma lista bem planejada de vinhos deve conter vários tipos, além de um ou dois tipos de que você gosta mais. Os vinhos comuns, é claro, são o centro das coleções. Mas é uma boa ideia ter alguns vinhos de aperitivo — como Champagne ou Jerez seco — e vinhos de sobremesa — como Porto, ou vinhos brancos doces — para que você esteja preparado em todas as ocasiões. Se você for como nós, vai inventar muitas ocasiões para abrir uma garrafa de Champagne!

Outra marca de uma coleção equilibrada é uma seleção saudável de vinhos baratos, para situações mais casuais, e vinhos importantes, que exigem uma ocasião especial. Comprar apenas vinhos caros está fora da realidade. Você precisa de vinhos que possa abrir a qualquer momento, com qualquer pessoa. Daremos algumas dicas sobre como fazer isso nas próximas duas seções.

Vinhos do dia a dia

DICA

O que você guarda como vinhos para o dia a dia dependerá de seu gosto pessoal. Nossos candidatos a vinhos brancos para esta finalidade incluem: Borgonhas brancos simples, Sauvignon Blancs, Pinot Gris, Pinot Bianco italiano, saborosos brancos italianos, como Vermentino, Verdicchio, ou Falanghina, Gruner Veltliner, Riesling, Moschofilero, Albariños.

Vinhos que envelhecem bem

Ao planejar sua própria coleção de vinhos, inclua alguns que envelheçam bem, que possa comprar quando jovens, quando são mais baratos. Muitos dos melhores vinhos tintos, como Bordeaux, Barolo e Hermitage, em geral, só atingem seu melhor grau após 10 anos, no mínimo, de sua safra — e alguns são difíceis de encontrar quando estão prontos para o consumo.

DICA

Os vinhos brancos que envelhecem bem, recomendados por nós, incluem:

- Acima de todos, os Borgonha brancos grand cru e premier cru — como Corton-Charlemagne, Bâtard- e Chevalier-Montrachets, Meursault e Chablis Grand Crus.
- Os melhores Bordeaux brancos (acima de 30 dólares).
- Os ótimos Rieslings alemães e austríacos.
- Rieslings ou Gewurzstraminers da Aslácia.

DICA

Entre os muitos vinhos longevos, alguns candidatos a guardar na adega para maturar são:

- Bordeaux finos.
- Borgonhas grand cru e premier cru.
- Grandes tintos italianos, como Barolo, Barbaresco, Chianti Classico Riserva, Brunello di Montalcino, Taurasi e as misturas de Super Toscanos.
- Da Espanha: Rioja, Ribera del Duero e vinhos de Priorato.
- Da Califórnia: os melhores Cabernet Sauvignons (e cortes de Cabernets).
- Do Rhône: Hermitage, Côte Rôtie e Cornas.
- Barca Velha, de Portugal, e outros bons vinhos de mesa do Douro.
- O Grange australiano (Penfolds), os vinhos Henschke Shiraz, como Hill of Grace e outros Shiraz super-premium.
- Champagnes mais finos (geralmente Champagnes Safrados e Prestige Cuvées).
- Os vinhos de sobremesa mais finos, como os Rieslings alemães de colheita tardia, o Sauternes francês, os doces Vouvrays do Vale do Loire, Porto Vintage e Madeira.

Organização significa paz de espírito

Quando você não é apenas um consumidor de vinhos, mas também um colecionador, fica ciente de que precisa manter um relatório de todo o seu estoque para que possa encontrar uma garrafa rapidamente quando procurar por ela e para saber exatamente o que possui. Você pode fazer relatórios de seus vinhos de várias maneiras. Sugerimos um catálogo pessoal, no papel ou no computador, incluindo: Safra; Produtor; Nome do vinho; Denominação; Região; País; Tipo (tinto, branco, rosé, espumante, aperitivo ou sobremesa); Quantidade; Preço pago (por garrafa) e Tamanho da garrafa.

Um Ambiente Saudável para Seus Vinhos

CUIDADO!

Se decidiu ser um colecionador — ou se acaba de notar que sua adega faz jus à uma coleção — preste muita atenção ao armazenamento correto: a temperatura e a umidade devem ser controladas, principalmente se onde você mora a temperatura passa dos 21 °C, ou seus vinhos podem ter uma morte dolorida em seu armário, garagem ou adega quente.

A adega passiva

Você pode ter sorte suficiente de ter condições favoráveis para o que se chama de adega passiva, se o lugar onde você pretende armazenar seu vinho é bastante frio (abaixo de 15,5° C) e bastante úmido (75% de umidade ou mais) o ano inteiro. Em geral, porões profundos, abaixo do nível do solo, com isolamento térmico podem ser completamente passivos em climas temperados. São, certamente, a maneira ideal de armazenar vinhos. Se você não tem esse espaço ideal, como a maioria de nós e não pretende construir um, leia a seção seguinte.

Se você não pode ser passivo, seja otimista

A seguir, as principais características de uma área de armazenamento:

- A temperatura é sempre fria — o ideal é que fique entre 12 °C e 16 °C.
- A temperatura é bem constante — variações muito grandes de temperatura não são boas para o vinho.
- A área é úmida, com um mínimo de 70% e um máximo de 95% de umidade (pode-se criar mofo com umidade acima de 95%).
- A área é livre de vibrações, que podem passar para o vinho; muito tráfego e motores em ciclos de liga e desliga — como geladeiras ou lavadoras/secadoras — são prejudiciais para seu vinho.

- A área é livre de luz, principalmente da luz direta do sol; os raios ultravioleta do sol são especialmente prejudiciais ao vinho.
- A área de armazenamento é livre de odores químicos, como tintas, removedores e assim por diante.

DICA

Compre um higrômetro (um instrumento que mede a umidade) para sua área de armazenamento de vinho. Nosso higrômetro informa a porcentagem de umidade e dá uma leitura digital da temperatura — informações tão valiosas que verificamos quase que diariamente. Os higrômetros estão disponíveis em catálogos de acessórios para vinho.

CUIDADO!

Evite os refrigeradores para armazenar vinhos. Não deixe um bom vinho ou um Champagne em uma geladeira por mais de uma semana; não apenas as vibrações do motor são prejudiciais ao vinho, mas as temperaturas excessivamente baixas (que podem chegar a 1,5 ºC) tendem a turvar e dissipar os sabores do vinho.

Controle de clima

Existem unidades refrigeradoras profissionais que umidificam e resfriam o ar de uma sala. Custam entre 600 e 2400 dólares, dependendo da capacidade. Você pode encontrá-las em catálogos de acessórios para vinhos e revistas especializadas.

Colmeias (Estantes de vinho)

Os sistemas de armazenamento vão desde elaboradas prateleiras de pau-brasil a tipos mais simples, de metal ou plástico (veja a Figura 16-1). Estas colmeias também permitem a fácil remoção das garrafas.

Isolamento

O isolamento ideal é uma resina termoplástica de 8 centímetros, chamada poliuretano. Ela não tem odor, não absorve umidade e é uma boa vedação. Mesmo quando a unidade de resfriamento está funcionando, as temperaturas mudam de modo extremamente lento na maioria das salas de vinho com este tipo de isolamento.

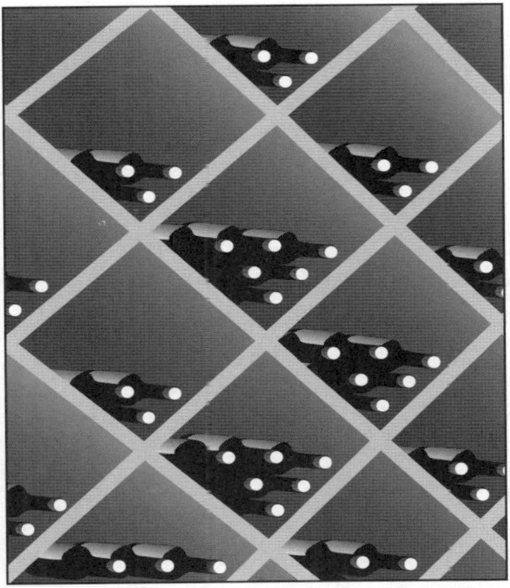

Figura 16-1: Colmeias em forma de losango.

Adegas de vinho para moradores de apartamento

Como morador de apartamento, você tem três opções:

- Deixar seu vinho na casa de um amigo ou parente que tenha condições adequadas de armazenamento (em quem confie!).
- Alugar um local de armazenamento em um depósito público refrigerado.
- Comprar uma adega — também conhecida como cave — uma unidade refrigerada que você liga na tomada.

As duas primeiras opções são inconvenientes, pois o vinho não ficará à sua disposição. E, além disso, muitas adegas são belos móveis, como prateleiras verticais ou horizontais, com portas de vidro e trancas. Elas variam em tamanho e capacidade, assim como seus valores: de 300 a até 8 mil dólares.

Capítulo 17

Educação Continuada para Amantes de Vinho

Neste Capítulo

- Estudando: isso nunca foi tão divertido
- Exercitando seu paladar
- Publicando sobre vinho para mantê-lo atualizado
- Descobrindo os lugares mágicos por trás dos rótulos

Aprender sobre vinhos é uma experiência fascinante, cheia de novos sabores, novos lugares e novos amigos

De Volta à Sala de Aula

A maneira mais saborosa de aprender sobre vinhos é fazer um curso. As aulas oferecem a combinação ideal de instrução e feedback imediato sobre suas impressões e degustação. A maioria dos cursos fornece informações sobre vinho e prática de degustação. Eles falam sobre as castas de uvas viníferas, as diversas regiões viníferas do mundo ou os vinhos de uma determinada região. Os instrutores são, em geral, profissionais experientes, que trabalham no ramo do vinho.

Na maioria das aulas de degustação, cada aluno se senta diante de um conjunto de taças para vinho — o ideal é uma taça para cada vinho a ser degustado. Água e bolachas estão à disposição para ajudar os alunos a limpar seu paladar entre as degustações. Cada aluno deve receber uma lista impressa dos vinhos que estão degustando, bem como outros materiais sobre o assunto daquela aula.

Degustações de vinhos de todas as formas e tamanhos

Degustações de vinho são eventos projetados para dar aos entusiastas uma oportunidade de amostragem de uma variedade de vinhos. Os eventos podem se parecer com aulas (com as pessoas sentadas), ou podem se parecer com festas (com os degustadores circulando de maneira informal). As degustações não têm nível básico, intermediário e avançado — um nível só se aplica a todos.

O que significa MW?

Você deve ter notado que uma das coautoras deste livro tem os dizeres "Master of Wine" (geralmente abreviado como MW) depois de seu nome. Os profissionais do vinho recebem este título — que é a credencial mais respeitada no mundo do vinho — quando são aprovados em um cansativo exame em três partes. O Institute of Masters of Wine oferece a credencial e os programas preparatórios na Austrália, Estados Unidos, Reino Unido e Europa continental. Os pré-requisitos normais são um alto nível de conhecimento, experiência no ramo dos vinhos e a graduação em qualquer um dos cursos de vinho disponíveis, como os programas WSET. Para mais informações, visite a página do Instituto no endereço `www.master-of-wine.org`.

DICA

Para participar de uma degustação de vinho em sua cidade, entre em contato com uma loja de vinhos. Talvez eles possam patrocinar ou organizar esses eventos ou conheçam escolas ou empresas que o fazem.

Quando em Roma...

Se você nunca foi a uma degustação de vinhos, devemos avisar que algumas regras de etiqueta se aplicam à maioria delas. Familiarize-se com elas!

Cuspir ou não cuspir?

Na maior parte das degustações, os alunos recebem um balde plástico que serve, na verdade, para *cuspirem fora o vinho* depois de degustá-lo. Os degustadores profissionais de vinho sabem que se engolirem todo o vinho que degustam, não chegarão lúcidos ao nono ou décimo vinho. Então, cuspir tornou-se aceitável. Nas vinícolas, os degustadores profissionais às vezes cospem direto em um ralo. Em ambientes mais elegantes, eles cospem em um *cuspidouro*, um recipiente simples como um copo plástico grande (um por degustador), ou um balde de gelo, compartilhado por dois ou três degustadores.

Horizontal ou vertical?

Uma degustação vertical é uma degustação com várias safras do mesmo vinho — Château Latour das safras de 1988 a 1998, por exemplo. Uma degustação horizontal examina vinhos de uma única safra, mas de várias vinícolas; em geral, os vinhos são de um tipo similar, como os Cabernet Sauvignons de 2002 do Napa Valley.

Mais detalhes sobre a etiqueta do vinho

Como o cheiro é um aspecto muito importante da degustação do vinho, os degustadores educados tentam não interferir nas habilidades olfativas dos outros degustadores. Isso significa que fumar (qualquer coisa) é totalmente proibido em qualquer degustação de vinhos, assim como usar qualquer essência (perfume, loção após-barba, spray de cabelo e assim por diante) é inaceitável. Estes odores podem realmente interferir na capacidade de seus colegas de sentir o aroma do vinho.

LEMBRE-SE

Os degustadores educados também não expressam suas opiniões sobre um vinho até que os outros degustadores tenham provado o vinho. Os degustadores sérios gostam de formar sua opinião de forma independente e, certamente, lançarão olhares maldosos para qualquer um que interrompa sua concentração.

Capítulo 18

Descrevendo e Avaliando Vinho

Neste Capítulo

- Sendo um degustador atento
- Escrevendo notas de degustação
- Aprendendo estenografia numérica para qualidade do vinho

O vinho é um prazer social que melhora quando o compartilhamos com outras pessoas.

Ironicamente, a experiência de um vinho é altamente pessoal. Se você e outras três pessoas estão provando o mesmo vinho, cada um terá sua própria impressão, baseada em gostos, fisiologia e experiência pessoais. Por isso, a única maneira de compartilhar suas impressões com outras pessoas é através da conversa.

Palavras Não Podem Descrever...

A linguagem é nosso principal veículo para comunicar toda nossa experiência de vida. No entanto, nosso vocabulário de sabores ainda não está desenvolvido. Aprendemos desde cedo muitas variações de tons, mas ninguém nos ensinou a diferença precisa entre *amargo*, *adstringente* e *sápido*. No entanto, para falar sobre o vinho, usamos estas palavras. Entenda mais da sensação:

- Sensações olfativas.
- Sensações de sabor básicas (doçura, acidez e amargor).
- Sensações táteis (a mordida da adstringência, bem como as picadas, a aspereza ou outras sensações de textura do líquido na boca).

- Sensações no nível holístico, uma síntese de todas as características do vinho juntas.

Por exemplo, digamos que acabamos de degustar um Sauvignon Blanc acarvalhado da Califórnia. Podemos perceber o vinho como sendo intenso em aromas de ervas e frutas, com sabor que lembra melão (sensações olfativas), levemente doce, porém, com uma acidez firme (sensações de sabor básicas), suave e rico (sensações táteis), um vinho vibrante, com bastante personalidade (sensações holísticas, mais pessoais). O que soa como uma pessoa esnobe se mostrando para os outros é apenas um pobre amante de vinhos esforçando-se para relatar todas as informações de sabor que o vinho está passando a ele. A descrição soa risível, mas, no meio imperfeito da linguagem, é a única maneira que temos de comunicar o sabor de um vinho.

Organizando seus pensamentos

A linguagem usada para descrever um vinho começa com seus próprios pensamentos ao degustar um vinho. Portanto, o processo de degustação e o processo de descrição estão ligados. Descrever sua experiência ou impressão de um vinho envolve dois passos: primeiro, é preciso formar a impressão; segundo, é preciso comunicá-la.

DICA

Uma maneira de organizar as impressões que um vinho envia a você é classificar de acordo com a natureza do "gosto":

- Os *aromas* do vinho (dados olfativos, todos os sabores que você cheira em sua boca).
- A *estrutura* do vinho (sua composição de álcool/doçura/ácido/tanino e seus sabores básicos — os tijolos e o cimento do vinho, por assim dizer).
- A *textura* do vinho (os dados táteis, a sensação do vinho em sua boca; a textura é uma função dos componentes estruturais do vinho — um vinho branco altamente ácido, seco, com pouco álcool pode dar a sensação de leveza ou aspereza, por exemplo, enquanto um vinho tinto altamente alcoólico com poucos taninos pode dar uma sensação suave e sedosa).

ALERTA ESNOBE

As palavras que os degustadores usam na descrição são:

- **Ataque:** a primeira impressão, que pode envolver doçura, secura, riqueza ou firmeza de textura, ou frutação.
- **Evolução:** o desenvolvimento do vinho em sua boca: a *impressão do paladar médio*, uma fase em que você tende a notar a acidez do vinho, ter uma primeira impressão de seu tanino (nos vinhos tintos) e notar seus sabores e sua intensidade; e a *impressão do paladar traseiro*, que envolve o grau de persistência que os sabores do vinho têm no comprimento de sua boca, a quantidade e a natureza dos taninos do vinho, e qualquer indicação de uma sensação de queimação de alta graduação alcoólica.
- **Final:** os sabores ou impressões que se registram depois que o vinho é cuspido ou engolido. A duração e a natureza do final merecem ser notadas. Um final longo é louvável, por exemplo, e uma nota amarga, não. Uma sugestão de caráter frutado concentrado no final, em geral, indica que um vinho envelhece bem.

Escrevendo notas de degustação

Se você tem um pouco de dificuldade em lembrar os nomes dos vinhos, tome nota daqueles que você prova e gosta, para que possa apreciá-los novamente ou para encontrar similares.

DICA

Ao tomar nota sobre vinhos, automaticamente escreva as letras:

- *C* (para cor e aparência em geral).
- *N* (para nariz).
- *G* (para gosto, ou impressões na boca).

Se um vinho é muito aromático, escrevemos bastante coisas ao lado de *N*, mas se o aroma é suave, podemos escrever apenas *sutil* ou mesmo *não muito*. Nossas notas de degustação são uma combinação de observações fragmentadas — *altamente ácido, muito fresco* — e uma descrição resumida.

LEMBRE-SE

No início, suas notas serão breves. Terão apenas algumas palavras, como *suave*, *frutado* ou *tânico, forte*. Isso já é o suficiente para lembrá-lo, mais tarde, como era o vinho. E como uma avaliação de qualidade geral, não há nada errado, absolutamente, com um simples: *hum!*

Avaliando a Qualidade do Vinho

Quando um crítico escreve uma nota de degustação, em geral, ele a acompanha com uma pontuação, um julgamento sobre a qualidade do vinho em uma escala que vai até 20 ou 100. É possível encontrar estes números nas prateleiras de sua loja de vinhos e nas propagandas de vinho.

Como as palavras são um meio difícil para descrever o vinho, a popularidade das notas numéricas se espalhou rapidamente. Muitos amantes de vinho não se preocupam em ler as descrições de um crítico — eles simplesmente saem para comprar os vinhos com as notas mais altas. Os vinhos que recebem notas altas dos críticos mais famosos são vendidos praticamente da noite para o dia, como resultado da demanda gerada por suas notas.

Se quiser, atribua-lhes sua própria nota. Desde que ela signifique um determinado critério para você, ela lhe será útil. Para começar, decida qual escala vai usar. Sugerimos uma escala com o 100 sendo a pontuação mais alta. Depois de decidir sua escala, crie vários grupos de pontos e escreva o nível de qualidade que cada grupo representa. Conforme ganha experiência na degustação de vinhos e na avaliação da qualidade deles, você fica mais crítico e suas notas serão, naturalmente, mais precisas. Pode ser algo assim:

- 95-100: absolutamente fantástico; um dos melhores vinhos que há.
- 90-94: qualidade excepcional; vinho excelente.
- 85-89: qualidade muito boa.
- 80-84: qualidade acima da média; bom.
- 75-79: qualidade média comercial (um "C" de um aluno em uma prova).
- 70-74: abaixo da qualidade média.
- Abaixo de 70: qualidade ruim.

Não caia na armadilha de pensar que todos os seus amigos apreciadores de vinho devam concordar com você.

Capítulo 19

Harmonizando o Vinho com a Comida

Neste Capítulo

- Observando as reações previsíveis entre vinhos e comidas
- Guiando as combinações com princípios
- Fazendo combinações clássicas que ainda funcionam

De vez em quando, encontramos um vinho que nos faz parar. Ele é tão sensacional que perdemos todo o interesse em qualquer outra coisa que não seja o vinho. Nós o bebemos com intensa apreciação, tentando memorizar o gosto. E não sonharíamos em diluir sua perfeição com uma boca cheia de comida.

A Dinâmica da Comida e do Vinho

Cada prato é dinâmico — é composto de vários ingredientes e sabores que interagem para criar um todo (mais ou menos) delicioso. Cada vinho é dinâmico exatamente da mesma maneira. Quando comida e vinho se encontram na sua boca, a dinâmica de cada um muda; o resultado é completamente individual para cada combinação "prato e vinho". É preciso mencionar que cada um de nós usa paladares diferentes para julgar o sucesso de cada combinação? Não é surpresa que não haja regras!

Quando o vinho encontra a comida, muitas coisas podem acontecer:

- A comida pode exacerbar uma característica do vinho. Por exemplo: se você comer nozes (que são tânicas) com um vinho tinto tânico, como um Bordeaux, o vinho vai ficar tão seco e adstringente que a maioria das pessoas o consideraria intragável.

- A comida pode diminuir uma característica do vinho. A proteína diminui a impressão do tanino, por exemplo, e um vinho tinto bastante tânico — desagradável se consumido sozinho — poderia ficar delicioso com um bife mal-passado ou com rosbife.
- A intensidade de sabor da comida pode suprimir o sabor do vinho ou vice-versa. Se você já tomou um vinho tinto grande e rico com um delicado filé de linguado, já sabe como é a experiência.
- O vinho pode conferir novos sabores ao prato. Por exemplo: um Zinfandel tinto que tem um sabor acentuado de frutas silvestres, pode levar estes sabores ao prato, como se outro ingrediente tivesse sido adicionado.
- A combinação de vinho e comida pode criar um bem-vindo terceiro sabor, que não era nem da comida, nem do vinho; sentimos um sabor metálico quando comemos carne de peru com um Bordeaux tinto.
- A comida e o vinho podem interagir perfeitamente, criando uma experiência de sabor sensacional, que é maior que a comida ou o vinho sozinhos. Este é o cenário que esperamos ter todas as vezes que comemos e bebemos, mas é tão raro quanto um prato realmente surpreendente.

LEMBRE-SE

Lembre-se: cada vinho e cada prato tem mais de um componente e as relações simples que descrevemos podem ser complicadas por outros elementos do vinho ou da comida. Aqui vão algumas relações básicas:

Vinhos tânicos

Os vinhos tânicos incluem a maioria dos vinhos baseados na uva Cabernet Sauvignon (inclusive o Bordeaux tinto), tintos do norte do Rhône, Barolo e Barbaresco e qualquer vinho — branco ou tinto — que tenha ficado tânico por causa do envelhecimento em barris de carvalho. Eles podem:

- Diminuir a percepção do sabor doce na comida.

- Ter sabor mais suave e menos tânico quando servidos com comidas ricas em proteínas e gorduras, como carne e queijo.
- Ter sabor menos amargo quando combinado com comidas salgadas.
- Ter sabor adstringente, ou que seca a boca, quando bebido com comidas de temperos quentes.

Vinhos doces

Alguns vinhos que, em geral, tem uma certa doçura incluem os vinhos brancos californianos mais baratos, como Zinfandel Branco, muitos Rieslings (a não ser que sejam rotulados como "dry" ou "trocken") e Vouvray meio-seco. Os vinhos doces também incluem vinhos de sobremesa, como Porto, Jerez doces e vinhos de colheita tardia. Estes vinhos podem:

- Ter sabor menos doce, mas frutado, quando combinados com comidas salgadas.
- Deixar as comidas salgadas mais saborosas.
- Combinar com comidas doces.

Vinhos ácidos

Os vinhos ácidos incluem a maioria dos vinhos brancos italianos: Sancerre, Pouilly-Fumé e Chablis; vinhos tintos de Rioja; feitos do modo tradicional, a maioria dos Rieslings secos e vinhos baseados em Sauvignon Blanc que sejam totalmente secos. Estes vinhos podem:

- Ter sabor menos ácido quando servidos com comidas salgadas.
- Ter sabor menos ácido quando servidos com comidas levemente doces.
- Fazer com que a comida fique um pouco mais salgada.
- Contrabalancear o peso do óleo ou da gordura da comida.

Vinhos com alto teor alcoólico

Os vinhos com alto teor alcoólico incluem muitos vinhos da Califórnia, tanto brancos quanto tintos; brancos e tintos do sul do

Rhône; Barolo e Barbaresco; vinhos fortificados, como Porto e Jerez; e a maioria dos vinhos produzidos a partir de uvas cultivadas em climas quentes. Estes vinhos podem:

- Oprimir pratos com sabor leve ou delicado.
- Ir bem com comidas levemente doces.

A Sabedoria do Tempo

Não importa quanto você valoriza a imaginação e a criatividade, não há motivos para reinventar a roda. Em termos de vinho-e-comida, vale a pena conhecer os acompanhamentos clássicos, pois eles funcionam e não tem como errar.

Eis algumas combinações famosas e confiáveis:

- Ostras e Chablis tradicional, sem carvalho.
- Cordeiro e Bordeaux tinto (também gostamos de cordeiro com Chianti).
- Porto com nozes e queijo Stilton.
- Salmão com Pinot Noir.
- Amarone com queijo Gorgonzola.
- Peixe grelhado com Vinho Verde.
- Patê de foie gras com Sauternes ou com Gewürzstraminer de colheita tardia.
- Bife refogado com Barolo.
- Jerez amontillado seco com sopa.
- Frango grelhado com Beaujolais.
- Amêndoas tostadas ou azeitonas verdes com Jerez fino ou manzanilla.
- Queijo de cabra com Sancerre ou Pouilly-Fumé.
- Chocolate meio amargo com Cabernet Sauvignon da Califórnia.